叢書【倫理学のフロンティア】II

応用倫理学の転換

二正面作戦のためのガイドライン

川本隆史
高橋久一郎
編

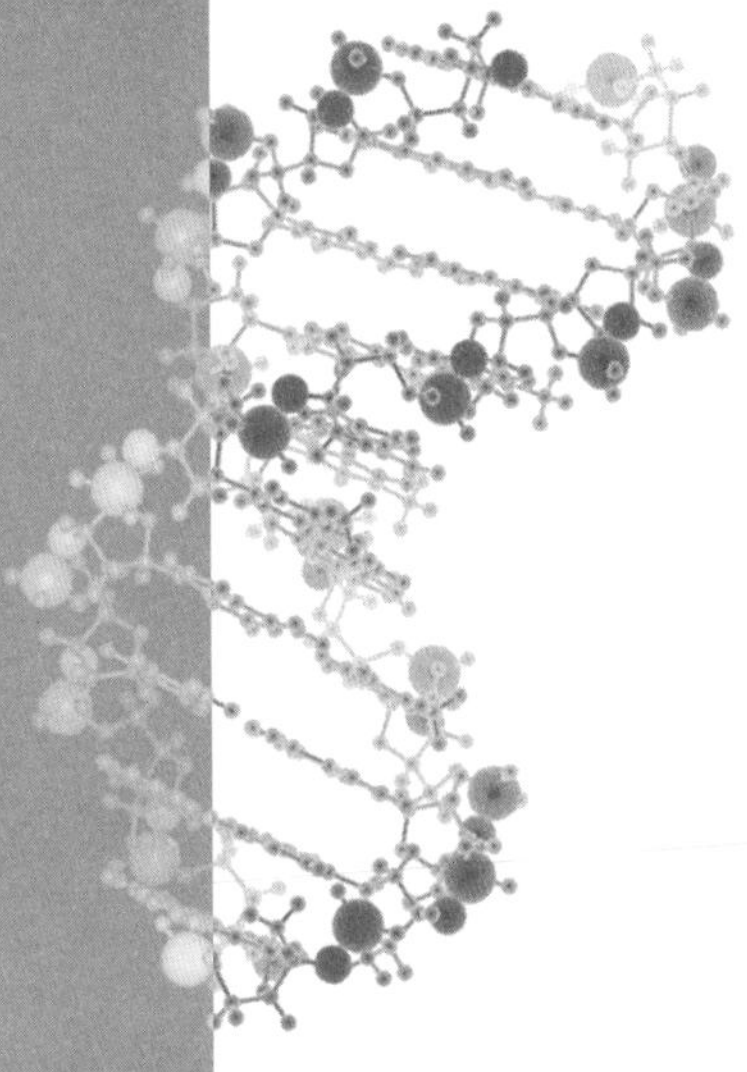

ナカニシヤ出版

はじめに

叢書《倫理学のフロンティア》の一冊として、本書『応用倫理学の転換——二正面作戦のためのガイドライン』をおくる。三〇年ばかり前から、英語圏における倫理学の自己革新運動として始まった「応用倫理学」(applied ethics) だが、日本でも輸入一辺倒の段階を卒業して、自前の論を展開できるところまでその研究が深化してきた観がある。加藤尚武の入門書〔加藤 1994〕を嚆矢として、タイトルに「応用倫理学」を冠する書物もすでに数冊ほど上梓されており、何らかのかたちでこの分野に言及している作品を含めるなら、かなりの出版点数にのぼると予想される。その上、何を今さら屋上屋を架すようなまねをするのか。しかも目次を見る限りだと、生命倫理学にはじまる個別分野の横並びに過ぎず、類書と大差ない構成をとっているではないか。

まずは、そんな疑問・反論にお答えしておこう。詳しくは本論0章に譲らざるをえないが、この本は舶来の応用倫理学の受け売りをこととするものではない。時代と社会が投げかける(いわば野生の)問題群に応答せざるをえなくなった倫理学の転換過程を解明するとともに、出来合いの応用倫理学それ自体をさらに転換して《倫理学のリハビリテーション》を図るという「二正面作戦」でもって編集にあたった。さらに本編の八論文から鋳造された、《転換》のためのとっておきの兵器（①倫理性、②文脈性、③反応性、の三点セット！）を活用しようと努めてもいる。したがって、そうした作戦と武器との連携がうまく運ぶかどうかに本書の成否がかかっているのだ。

私たちの戦法が見事に功を奏して、赫赫《かくかく》たる戦果をあげることができるだろうか――いざ出陣という段になると、武者震いを抑えることができない。だが大丈夫、論考の書き手はいずれ劣らぬ兵《つわもの》ぞろいだし、巻末の「文献一覧」も強力な武器庫＝データベースとして、しっかり後方支援のお役に立ってくれるだろう。なおその文献表と対応させるため、本文中の文献の指示は［　］内に著者名・出版年を並記し、必要に応じて頁数（原書および訳書）を付記する方式を選んだ。* 読者は、興味をひかれるどの章からでも読み始めてもよいし、文献一覧のチェックより着手されてもかまわない。では前口上はこれぐらいにとどめ、直ちに《転換》のスイッチを入れていただくとしよう。

* たとえば本文で［加藤 1994］とあれば、加藤尚武『応用倫理学のすすめ』（丸善、一九九四年）を指し、［Sen 1992 : 116/186］は Amartya Sen, *Inequality Reexamined*, Oxford University Press, 1992, p. 116 と同書の翻訳『不平等の再検討――潜在能力と自由』（池本幸生他訳、岩波書店、一九九九年）の一八六頁を示す。

編者（川本）

応用倫理学の転換――二正面作戦のためのガイドライン――

＊

目次

目　次

目　次

II　環境倫理学の転換

目　次

応用倫理学の転換

二正面作戦のためのガイドライン

◑ 応用倫理学への／からの転換

——序論に代えて——

●川本隆史

「新聞屋が商売ならば、大学屋も商売である」（「入社の辞」『東京朝日新聞』一九〇七年五月三日）と言い放って東京帝国大学教授を辞した夏目漱石は、『それから』（新聞連載は一九〇九年六月～一〇月）の登場人物の口を借りて、当時の大学での倫理教育をこう皮肉っている。

代助は凡ての道徳の出立点は社会的事実より外にないと信じてゐた。始めから頭の中に硬張った道徳を据ゑ付けて、其道徳から逆に社会的事実を発展させ様とする程、本末を誤った話はないと信じてゐた。従つて日本の学校でやる、講釈の倫理教育は、無意義のものだと考へた。彼等は学校で昔し風の道徳を教授してゐる。それでなければ一般欧州人に適切な道徳を呑み込ましてゐる。此劇烈なる生活慾に襲はれた不幸な国民から見れば、迂遠の空談に過ぎない。此迂遠な教育を受けたものは、他日社会を眼前に見る時、昔の講釈を思ひ出して笑つて仕舞ふ。でなければ馬鹿にされた様な気がする。(『それから』九〔岩波文庫版、一二八頁。なお原文は旧字体〕)

だからといって「社会的事実」がそのまま道徳の基本原理になると極論するわけではない。「現代の社会を二十世紀の堕落と呼んでゐた」代助の目には、「近来急に膨脹した生活慾の高圧力が道義慾の崩壊を促した」日本の現状が批判的に映し出されていた。生活慾と道義慾という「新旧両慾の衝突」。しかも前者は内発的なものでなく、「欧州から押し寄せた海嘯《つなみ》」のような近代化の産物に過ぎないから、生活慾をベースに道徳を再建することはできない。もちろん敗退した「昔し風の道徳」を教え込んでも、欧州人にしか妥当しない舶来の道徳を押し付けても無効である。「高等遊民」の主人公は、そんな現代の行き詰まりとは無関係に行なわれる「講釈の倫理教育」を冷ややかに眺めている。

ではそれから九〇年ほど経った倫理の研究と教育はどうなっているのか。確かに一連の「大学改革」にそって新設された学部・学科群や科目のなかに、「講釈の倫理教育」からの脱却を志向するような新しい呼び名が散見される。書店の棚にも、「倫理」や「共生」を掲げる本が増えている気がする(そんな風潮に一石を投じるつもりで、私は『共に生きる』〔川本 1998〕を編んだ)。さらにいまさら高等教育を手直ししても手遅れだから(?)とばかり、初等・中等教育の段階における「生きる力」の涵養を打ち出した学習指導要領の改訂がなされてもいる。他方で、そうした新しい動きをすべて「邪道」と斬り捨てる意見も少なからず聞こえてくる。また時代のニーズへの即応や新しさを売り物にした学部・学科にいざ飛び込んでみると、何も変わっていないので落胆したとの嘆きも。

いやもっとはっきり言おう。「応用倫理学」（その部門としての「生命倫理学」や「環境倫理学」、さらにこれらと一線を画しながら構想された「臨床哲学」という新機軸）をめぐって、主流派による嘲り・軽視と当事者の遅疑逡巡とが奇妙に交錯している。そして、改革のあおりで業務上そんなニューモードを装わざるを得なくなったけれども、自分の専門は別途追究できると割り切れる研究者とそう器用な真似ができない研究者とへの二極分解。非常勤先の大学・専門学校で医療・看護や環境問題を題材に使うため準備に手間ひまをかけるかたわら、専攻領域の論文とは別に「応用倫理学」モノを一本書いておくと就職に役立つだろうとの計算も働くOD……。さらに、新編成のカリキュラムを履修して興味をかき立てられる学生と、やはり正統な教育を受けたいと望む学生との乖離。そうしたマクロ、ミクロな（あるいは個人間、個人内の）衝突・分裂を直視しつつ、この論集は編まれた。

編集の基本モチーフは、タイトルに示されている。慧眼な読者は、一九七〇年代のドイツで提唱された「実践哲学の復権」運動の中心人物の一人、カール＝オットー・アーペルの論文集『哲学のトランスフォーメーション』（一九七三年）を連想されるかもしれない。アーペルの本のタイトルが両義性――①現代哲学の基調が言語哲学へと移り変わってきたプロセスを跡づけ、②さらに超越論的語用論の線にそって旧来の哲学を組み替えるためのプログラムを提示する――を含んでいた［Apel 1980 : ix］ように、この本では「応用倫理学」と「転換」をつなぐ格助詞「の」に二つの意味を込めようとしている。すなわち、「応用倫理学への転換過程」および「現行の応用倫理学を転換する作業」との二義である。倫理学が「生活慾」に促されるようにして、現代社会の問題に向き合おうとしてきた経過をたどるとともに、そこで生じた変貌それ自体をさらに変換すること。こうした「二正面作戦」を繰り広げようとする野望を託してみた。もとより、変わればいい、変えればよいとの楽観論でことは終わらない。問題はどんな変わり方を望み、どんな変え方をめざすかにある。①**倫理性**、②**文脈性**、③**反応性**という三位一体の武器を駆使した《トランスフォーメーション》、これを本論集は試みる。以下その作戦がどれほど徹底しているかを全四部、総計八本の論考に即して確認しておこう。

1　生命倫理学の転換

最初の熊野純彦の論文「**生死・時間・身体——生命倫理のいくつかの論点によせて**」は、医療空間を「すぐれて現代的な技術の先端と、古来変わらない、生の最低限の受動的条件とが出会う場」として捉えたうえで、「倫理学が生への省察であり、生が現在、医療技術に浸透されて可能となっているかぎり、医療空間への倫理的反省……すなわち、生命倫理への関与は、現代の倫理学的思考にとって必然的」となること（応用倫理学への転換の不可避性！）をひとまず認めてかかる。そして紹介・啓蒙の時期から「本格的な研究、創造的な展開の季節」へと移行しつつある日本の生命倫理研究者のなかにようやく「応用倫理そのもののいわば《倫理性》にかかわる反省」が始まっていると診断する。すなわち「哲学的にはその根拠こそがまさに問われるべきフィクションないしドグマを前提としつつ、他者の「生き死に」をめぐって繰り広げられる言説は、哲学的言説としては怠慢であり、そのかぎりでは学としての「責任」を果たしてはおらず、倫理学的言説としては倫理性が問われることになる」にもかかわらず、日本の「生命倫理をめぐる議論のかなりの部分は、哲学的には疑問の余地の多い、つまりまさに哲学的に問い返されるべき伝統的な枠組みを、吟味を加えず前提しっづけている」。たとえば、「脳死」者からの臓器移植をめぐる賛否両論が「相当に粗野な物心二元論を前提に」したまま戦わされてきた（熊野論文は、臓器移植法に基づく移植実施より以前に執筆されたものだが、彼の指摘は今なお肯綮をついている）。そうした《倫理性》の欠如に対する自省が生じてきた。

その上で、熊野自身も在来の生命倫理学からの《転換》を企てている。「私たちの生が現在どのようなあり方をしているかという問題の総体とかかわる、一連の困難」を見据えつつ、「倫理的省察を哲学的言説としてもなお紡ぎだそうとするならば、考察は少なくとも原理的な次元からあらためて開始されるほかはないであろう」と。「「所有」という理念の再検討」がこの《転換》作業の手がかりになろうとの展望を踏まえ、本論は次のように結ばれる。

「問題は、かくして、生命倫理の世界でしばしば登場する「契約」モデル的な人間理解の問題性へとつらなり、他方ではまた、「権利」概念を再考することは「環境倫理」の根拠を問い返すこと、また、「現代正義論」の前提をとらえ返すことへと連接してゆくはずである。」

生命倫理学の《転換》は、その場しのぎのリストラで済む仕事ではないのだ。

続く霜田求の論文「**生命と死をめぐる実践的討議——障害新生児の安楽死問題を手がかりにして**」は、生命倫理の難問に対する典型的な解答例（功利主義者ピーター・シンガーのそれ）を吟味し、「そもそも、生命の価値が倫理学的思考によって《それ自体として内在的に》確定可能であるという前提こそ問われねばならない」と主張する。まさしく応用倫理そのものの《倫理性》に対する反省が求められているのに、シンガーらは「生命の価値を支える社会的関係性を背後に押しやり、それ自体で完結したものとして捉える、抽象的孤立化思考」でもって、「生きるに値する／値しない」という安直な線引きを行なってしまう。

右のような批判は、シンガーらを攻撃しているベーラー／マタイスにも容赦なく向けられ、この二人が「〈価値〉を常にそのつどの社会的な関係性の中で規定され媒介されたものとして捉えるという方向」において不徹底である、と断じる。ベーラー／マタイスが迷い込んだ隘路は、そもそも「〈究極的根拠づけ - 責任倫理〉という彼らの討議倫理学のプログラムの構造そのものに由来するもの」で、両者は「人間の尊厳原則や人権の概念を《それ自体で》無条件の妥当性を持つ（＝究極的に根拠づけられた）ものとしなければならない」との強迫観念にとりつかれている。

それに対して「〈普遍〉としての道徳原理は、常にそのつど可変的な現実との相関性の中でその規範の正当化が検証されるべきもの」と考える霜田は、「主題を形づくる〈社会的ベクトル〉への眼差しを保持しつつ、無条件の義務づけを要求する原則（＝普遍）と具体的な状況についての臨床的知見（＝特殊）との対質」をこそ遂行しようとする。価値の《文脈性》を把握するために「社会的ベクトル」解析を用いるというアイディアは、萌芽的な着想の域を出ていないものの、《転換》の方向性の一つを指し示している。

2 環境倫理学の転換

丸山徳次の論文「**われわれの応用倫理学の源泉としての〈水俣病事件〉**」は、《文脈性》および《倫理性》に定位した転換をねらっている。彼は、シンガーやトマス・ネーゲルたちが社会的・政治的課題に取り組み始めたのと同じ一九七〇年代初頭の作品、清水幾太郎の『倫理学ノート』（一九七二年）を俎上に載せる。そして同書が「結果的には応用倫理学復活の背景といったものを描写してみせたのだと、今にして言えはするのだが、清水自身は、倫理学の立場から現実の問題に立ち向かいはしなかったし、応用倫理学の新たな構築を夢想することもなかった」こと、そしてその時期に倫理学の勉強を始めた「われわれ自身が、あの同じ時代に、どうして応用倫理学の構築ということを考えることがなかったのかを、十分反省しておくことは必要なことだ」と訴える。

そこで丸山は、ほんらいならば「あの同じ時代」に「応用倫理学」への転換を駆動したはずの公害問題、とくに水俣病事件を熟視する。七〇年代と現在の文脈を読み通そうとする彼の言い分は、きわめて筋が通っている——不幸にして「公害問題と環境問題・自然保護問題とが切断されてしまっている」日本の現況を改善するためにも、今後構築されるべき「環境倫理学」は「「公害」概念を再検討し、とくに「公害の原点」水俣病について、われわれの環境問題の教訓とすべき事例として、それを批判する的確な視座を獲得しなければならない」と。

そこから丸山も、応用倫理学の《倫理性》の反省へと導かれる――「水俣病を通じて見えてくることは、日本の近代化と戦後の高度経済成長政策を担ってきた主体性が、他者と自然を限りなく客体化し、支配し、抑圧する暴力的主体性であり、コミュニケーションへのみずからの希求の通路を見失ってしまった罪障の主体性である、ということだ。……システムを問えない倫理学は無力だが、しかし、システムを問う倫理学というシステムが、結局システムの中にだけ定住するのだとしたら、緒方ら〔水俣病患者〕の問いかけには応えられないことになろう。倫理学の自己批判が問われなければならないのかもしれない」というかたちで。

一時期「グローバルに考え、ローカルに行動する」が環境保護運動のスローガンとしてもてはやされた。だが日本の環境倫理学の《転換》は、水俣というローカルな事例を考え抜く姿勢を欠いては成就できまい。

須藤自由児の論文「**自然保護・エコファシズム・社会進化論――キャリコットの環境倫理思想の検討**」は、アメリカの環境倫理学を代表する一学者の言説を分析して、その《倫理性》を問い質している。キャロリン・マーチャントの『ラディカル・エコロジー』（一九九二年）の訳者にしてエコロジズムの実践の人でもある須藤によれば、そもそも「浪費的な大量生産と消費、廃棄の経済活動の全体を変えなければ、環境・生態系の保護は実現できない」し、環境の保護のためには「環境破壊的な行動様式を変えること、そして生産、消費、廃棄の仕方などの社会的な仕組みを通じて環境に影響を与える社会的存在として、その社会システムを変えるべき」なのだ。

ところが人口問題とりわけ途上国の人口増加が環境破壊の主要因だと見切ってしまうJ・B・キャリコットの路線だと、生態系全体への貢献度によって個々の構成員の価値を測ろうとする点で、健全な生態系を維持するために個人の犠牲を強いる「エコファシズム」と選ぶところがなくなる。「環境・自然破壊が「人間を特別視する」ことによって起こるのだとする、出発点が不適切なのである。経済活動（の自由）を不当に重視し、すべてを専ら経済的資源と見なすことが環境破壊の原因であり、それは同時に、多くの人間の健康と生命を損なってきた」――経済成長至上主義がもたらした難局をしっかり捉えるところから、環境倫理学の《転換》を開始せねばならないというのである。

当のキャリコットは、自分の「生態系中心主義」がファシズムにつながるとの嫌疑を免れるためか、社会進化論や社会生物学を拠りどころとして「従来の倫理」（伝統や慣習のことか?）の意義を強調するようになる。けれども須藤の見るところでは、そうした「生態系中心主義」からの撤退がかえってファシズムとの親和性を強めてしまう。こうした追い撃ちは、環境倫理学の基本主張の一つに「地球全体主義」を掲げ、その後の議論を領導した加藤尚武の言説にも向けられるかもしれない。

3 経済とビジネスの倫理

山森亮の論文「**貧困・社会政策・絶対性**」は、隣接分野からの寄稿という点で異彩を放っている。だがそこで精査されたピーター・タウンゼントとアマルティア・センとの「貧困」論争は、応用倫理学の《反応性》を鍛える恰好の手本を提供しているといえるだろう。すなわち、「貧困」を持ちモノの少なさで一元的に測定するのでなく、これを「社会的、文化的次元で捉える」という点において「共通の土俵に立っている」タウンゼントとセンが、「貧困」はそれぞれの社会で「相対的」に決まるものなのか、それとも「絶対的」な貧困線なるものが引けるのかという争点をめぐってエキサイティングな応酬を繰り広げた。これは経済学および社会学の業界での争いごとにとどまらない。「貧しさ」という概念に含まれている規範性――貧しさは客観的な記述の対象にとどまるものではなく、「是正すべき貧しさがある！」という価値判断へのコミットメントが貧困の分析を動機づけているということ――に対して、倫理学がどう《反応》できるかが問われてくるはずなのだ。

山森は、「財領域での相対性、社会的構築性を認めつつも、能力（capability）という本質的領域を設定し、そこでの絶対性を主張することで、普遍的基準の構築を模索するセンの営為に、私たちも関与（commitment）していくことが要請されている」と総括した上で、なお「必要の社会的構築性とその評価の普遍的基準の可能性との緊張関係が、問題として私たちの前に開かれている」真相を見つめようとする。こうした問題へのしなやかな《反応》を、倫理学研究者も共有したい。
ところでセン自身は、別の箇所でタウンゼントとの「白熱した論戦」の教訓を次のようにまとめている。

貧困の絶対性／相対性をめぐるやりとりは、同じ生き方（same functioning）を実現するのに必要な財貨が多様であることに関連している（たとえば、「地域社会の暮らしに参与する」とか「恥をかかずに人前に立てる」といった同じ生き方を達成するにも、より豊かな国ではそれだけ多くの財貨が要求されよう）。何らかの生き方を実現するための複数のケイパビリティ〔引用者は「生き方の幅」と訳したい〕のうち、それさえあればどうにか間に合うだけのケイパビリティの最低限もまた、それぞれの社会ごとで多様に変化するものなのかもしれない。しかしながら、貧困をケイパビリティの不全と見なすかぎり、同じケイパビリティを満たすのに要求される財貨が社会ごとに異なるからといって、貧困に対してそもそも「相対主義的な」アプローチを採らねばならなくなるわけではない。〔Sen 1992 : 116/186〕

専門分化した学問の境界線をものともせず「《超学的》探究」〔川本 1997〕を続けるセンは、価値の絶対性／相対性、倫理の普遍性／文脈性といった重くかつ大きいテーマ群を突きつけてくる。

田中朋弘の論文「**ビジネスにおける倫理的まなざし——企業の道徳的責任について**」は、「ビジネス倫理学」という問題領域への《転換》が「企業による犯罪的行為を抑制し、最低限の道徳性を維持すること」を目的とする「企業の道徳的責任についての議論」から始まった消息から説き起こす。しかも、その議論は中立的・客観的なものではない。なぜなら「企業が利益と倫理を両立させうるかどうかという問題は、むしろわれわれの側の自覚と行動に大きく依存する」からである。

　次いで田中は、日本のＨＩＶ訴訟を引き合いに出しながら、ビジネス倫理学の《反応性》を要求する——「道徳的問いを相手に投げかけ、答えを求める行動のうちにしか、社会の道徳性への要求を企業に配慮させるための方法はないのかもしれない。……とにかく道徳性をめぐる討論の場へ当事者と周りの人間を引き込むことが必要になるのではないだろうか」と。さらにそうした《反応性》を日本という《文脈》の中で修錬するという目標を、田中はこう示唆して見せる。

「〈応用〉倫理学が、倫理的諸問題を、問題の生じている現場に即して具体的に考えるということを目指すべきであるなら、これまで何度となく繰り返され、しかも一向に改まる気配のない企業行動のあり方を、日本の文脈においてもう一度取り上げてみることは、無駄ではないのではないかと思う。」

　生命倫理学や環境倫理学に比べて、輸入・紹介から日の浅いビジネス倫理学だが、昨今の「市場原理主義」の専横に抗すべく、その現状批判の潜勢力《ポテンシャル》を解放する方向での《転換》作業に取りかかる時機が来ている。

4　方法と教育への問い

高橋久一郎の論文「**「応用倫理学とは何なのか」と問う必要があるだろうか**」は、一種の修辞疑問のかたちをとった方法論の探究である。彼の判断では、「「応用倫理学」なるものは、「学問」と言うにも値しない「ヤクザ」な仕事であるといった「正統」倫理学者からの嘲笑、あるいは「応用倫理学者」の自己卑下」という分裂状態が生じたのは、「「応用倫理学」が、その議論の展開において「事実」への参照を不可欠としていること」および「「応用倫理学」における議論が、ある種の「決疑論」的性格を帯びていること」と関連する。こうした窮状を突破すべく、倫理学に「体系的」であることや「綺麗」であることを求めても問題の解決にはならない。むしろ「なすべきことは、「ケア」といったことを含めた「条件」をきめ細かく明らかにすることであるように思われる。そしてここでは「理論」の「洗練」をそれとしてさらに図ることはほとんど役に立たないように思われる」。

そこから高橋は、応用倫理学の課題が「あるべき「理論」の欠如ではなく、「事実」に関する「無感覚」、「わが事としての事態」に対する無「反応」」にどのように応答するかにあると見定める。よって、この学問の《転換》を図るためには、「「事実」に応ずる仕方で「反応」を「洗練」すること」、「もはや単なる「理論」の「洗練」ではなく、より繊細なインテグレイトを試みること」が要求される。すなわち、応用倫理学の《反応性》を研ぎ澄ますことが求められてくるわけだ。そこで高橋が手がかりにしようとするのが、他分野との共同作業――とりわけ、一九七〇年代の「社会生物学論争」においては、時期尚早であったためか、誤解とすれ違いに終わった進化論的生物学との連携――である。

そして、こうした他分野との共同を踏まえて、「倫理をまさに「危機管理のシステム」へと導く可能性をア・プリオリには排除できない」以上、「倫理学者の務めは、「反応」を磨くと同時に、ある種の「啓蒙」に努めることにある」。したがって「「倫理」の問題は、そこで最終的には再び「教育」の問題となる」。「反応」の錬磨と「啓蒙」を基軸とする「教育」が、応用倫理学の重要課題としてクローズアップされてくる。

そこで最後に登場するのが、壽卓三の論文「**相互行為としての〈教育〉――言語資本をめぐる議論を手がかりに**」である。ジョン・デューイ、和辻哲郎、ピーター・シンガーらの仕事を手がかりとしながら、壽は〈倫理学的探求〉が「具体的な社会的状況においていかなる経験的有効性を持つかを批判的に吟味すると同時に、この吟味そのものを開かれた共同作業にするという課題をも担うこと」になり、かつ「われわれの日常的営為そのものを変革する可能性を究明するだけでなく、現実を実際に変革する実行力を持つことをも求められている」と書く。そうした見とおしのもとで、本論では「理論倫理学・応用倫理学・教育の統合の方向性を、言語資本をめぐる議論に即して究明」しようとする。

しかも壽は、自分の考察を「自他の呼応、多元文化社会の困難さを示す具体的事例が……山積している」学校の日常という《文脈》に埋め戻そうとする。「倫理学は、このような問題の解決に貢献する言葉を発しうるのだろうか」という《倫理性》への問いを発しながら。そうして結びの部分では、「個性や自律性への執着、孤立の不安と焦燥感からわれわれを解放し、自己の社会的視野、社会的連帯性の回復を可能にするという理由」に基づいて「非還元主義から還元主義への態度変更」を選択したデレク・パーフィットが持ち上げられる。だが果たして壽が期待するように、「還元主義に定位するとき……自己を多様な外部に向かって開き、〈異質な〉外部を自己の再発見、再生を可能にする〈有意味な〉外部として捉え返す可能性が、かすかではあるが切り開かれてくる」ものかどうか。「還元主義」以外の選択肢もあり得ると考える私としては、ただちに同意できない。いずれにせよパーフィット流の《転換》の当否は、読者の判断に委ねるほかあるまい。

ところで「還元主義」を評価する壽の論法は、「臨床哲学」の推進者の一人、鷲田清一の左のような目論みと相通じるところがある。

わたしは、哲学を〈臨床〉という社会のベッドサイドに置いてみて、そのことで哲学の、この時代、この社会における〈試み〉としての可能性を探ってみたいとおもうのだが、そのときに、哲学がこれまで必死になって試みてきたような「語る」——世界のことわりを探る、言を分ける、分析する——ではなく、むしろ「聴く」ことをことととするような哲学のありかたというものが、ほのかに見えてくるのではないかとおもっている。……《聴くことの力》を少なくとも信じて、臨床哲学の核に据えることができないかとおもうのである。このように考えてくると、哲学にとっての〈場所〉というのは、たとえば哲学史においてしばしば《主観性》などと呼ばれてきた内面的な反省の場ではない。……むしろ逆に、そういう内部的な場所への退却あるいは撤退を許さず、主体が他者とおなじ現在においてその他者とともに居合わせていて、その関係から一時的にもせよ離脱することなく、そこで思考しつづけることを要求されるような、そういう場所のことではないだろうか。［鷲田 1999：46-47, 55-56］

ちなみに鷲田は、《臨床哲学》が三つの意味で「非‐哲学」的ないしは「反‐哲学」的な視点に立つものとしている。すなわち、①主張するのではなく〈聴く〉ということ、②普遍化が不可能であるということ、③〈臨床〉が「哲学する」者として臨床の場面にのぞむ者の経験の変容を引き起こすひとつの出来事でもあるということ、その意味で〈臨床〉が時間のなかにあるということ、以上の三点においてである［鷲田 1999：107-108］。私が本論集の目玉にした、**《倫理性》**、**《文脈性》**、**《反応性》**とほぼオーバーラップしている。だからといって、「応用倫理学」と「臨床哲学」とを同一のプロジェクトに集約することはできない。なぜなら、前者は医療、環境、ビジネスといった問題領域に応じた《正義》への問い（「何が正しいのか」）を発条としており、後者は「ケアする人」をどう《ケア》すればいいのかという問題意識を保持して「現場」にかかわろうとしているからだ。

確かに「応用倫理学」および「臨床哲学」は、文献中心主義にも現場第一主義にも陥らないやり方で、倫理学の研究と教育を「迂遠な空談」から救出して社会復帰させることをねらってきた。だが、そうした「倫理学のリハビリテーション」［川本 1995：100］の方途を無理に一本化する必要はあるまい。「応用倫理学」と「臨床哲学」、さらに隣接分野との間で、もちろんこの論集の著者たち相互においても、さらなる交流と批判を続行すること。こちらのほうが最優先の仕事であるはずで、本書も多種多様なリハビリの訓練センターの役目を果たそうとしている。読者にあっては、以下の八つの論文および文献一覧を足場として、倫理学の機能回復がどこまで進んでいるかをしかと参与観察していただきたい。

I　生命倫理学の転換

1 生死・時間・身体
――生命倫理のいくつかの論点によせて――

●熊野純彦

1 生　死

人間は生まれ、時とともに老い、やがて病をえて、死んでゆく。生老病死という、古来「四苦」と呼ばれる、個体としての人間のこのありようは、およそひとにとって避けがたく、ひとがそれに対して決定的に受け身でしかありえないという意味で、人間的な生にあって動かしがたい受動的な条件をかたちづくっている。

四苦は、それらがあくまで受動的な制約であるかぎりで、また、おしなべて人間的な生存にあって不可避の枠組みを形成しているといってよい。生命倫理あるいは医療の倫理は、この間の消息に深く根ざした問題群にかかわり、そのかぎりでその言説は、古来の、しかも同時に現代的な問題情況を端的に映しとるものであると言わなければならない。

人間は、ある意味では常に「自然的なしかたで」(auf natürliche Weise)、つまり一個の自然過程の内部で誕生し、やがては歳をとり、病気にかかって死んでゆくかぎりでは、(人間的な生の受動的な条件である)いわゆる四苦は、ひとしなみにまた、人間の自然的な条件をも指標しているかに見える。じっさい、生殖にかかわるさまざまな技術も最終的には一個の自然過程を再現するにすぎず、選びとられた死(自殺すること)もまた、現に進行するプロセスにおいては自然的過程の一部である。だが、人間にあってはそれらの一切が同時に「特別なしかたで人間化されて(vermenschlicht)」、つまりは文化的にあらわれる。[1] 命名の儀式は、古くは、共同体の成員が新たに誕生したことを承認する手つづきの一部であったであろうし、個体の死を最終的に確認する埋葬の儀礼は、文化の起源そのものにおそらくは根ざしている。生命倫理をめぐる諸問題には、その意味では、自然と人為、あるいは自然と文化との交錯という、それ自体としては倫理にかかわる反省の歴史とともに古い問題系が流れこんでいる。じっさい、いわゆる「生の質」(QOL = Quality of Life)[2] をめぐる論争や、「尊厳死」にかかわる論戦などには、そうした「永遠の」問題が影を落としてもいよう。

倫理学とは人間の生への省察であるから、「生老病死」をめぐる考察は、当然のことながらその基本的な課題をかたちづくるものに他ならない。「四苦」は、しかも、この世界の基本的な謎[3]であるから、それをめぐる省察はすぐれて哲学的な考察ともなるはずである。問題を複雑にしているのは、現在、少なくともこの社会では、その「四苦」が通常はすべて、病院、あるいは「医療空間」の内部で生起することがらと連動している、ということである。医療空間は、それゆえ、すぐれて現代的な技術の先端と、古来変わらない、生の最低限の受動的条件とが出会う場となるわけである。

子どもは現代ではたいてい、誕生してすぐさま「新生児室」に入れられる。それは、清潔だが、ぬくもりに乏しい空間であるとも言われる。ひとはまた、場合によっては「集中治療室」で死をむかえることになる。それは、管理し尽くされ、計測機器が支配する空間である。モンタギュー／マトソンはかつて、完全に消毒された病院のベビーベッドは、生命体のみを殺傷する中性子爆弾と地つづきである、と主張した。[4] 以前、森岡正博は、集中治療室（ＩＣＵ）をベンサム＝フーコー的なパノプチコン（一望監視装置）になぞらえたものである。[5]

新生児室にせよ、ＩＣＵにせよ、そのどちらもたしかに特異な空間であり、特異な場を形成している。ある性質をもつ「場」が成り立っていることと、特定の「力」がはたらいているということとは同義であるから、そこには何らかの力がある、あるいは力がはたらいている。つまり、特異な「場」をまさに「特異」な場として成り立たせている、力がはたらいているはずである。これもまた確実なことであると言ってよい。それは、では、どのような力であろうか。

フーコー的に、あるいはフーコー／川本隆史ふうに言えば、その力はたぶん一箇の「バイオの権力」(bio-pouvoir)[6] である。私たちは、もはや「死」を強制するのではなく、むしろ「生」を保証しつつ管理する、微分化された生の「権力」の手のひらで生まれ、「生」の権力に看取られて死んでゆく。医療空間は、その意味でも、今日的な生が凝縮されたありようを示しているといってよいのかもしれない。

医療空間がそれを象徴している今日的な生のありようとは、しかしどのようなものなのだろうか。当面の文脈で言えば、その指標は、誕生と死亡という人間的生の発端と終局とが、通常の社会的空間の外部へと隔離され、不可視のものへと変容してゆくことに求められよう。ひとが生まれて死んでゆくこと自体が、いわば「市民社会」そのものにとって外部化される。生きている時間のあいだ、ひとはまた、飲み、食べ、消化し、排泄しなければならないが、そうした人間的生をつむぐ不可避のいとなみを裏打ちすることがらすら、やがて外部化されてゆくことと、事情はほとんどパラレルである。シンボリックな意味も含めていえば、病院という空間は、コンビニエンス・ストアと上下水道システムとともに、現代先進諸国家における都市生活風景のなかに埋め込まれ、そのなかで具体的な外部をかたちづくっているのである。

漂白され、管理された生にも、その外部、具体的な外部は、まぎれもなく存在する。ひとが食べるためには、どこかで生命が不断に断ち切られ（牛や豚が屠られ）ていなければならない。ひとはなおも生まれ、ひとはいつか死をむかえる。その時がいつであるのか、その死がどのようであるのかは、原理的に測りがたい。不測の（誕生と）死に応接するためにも、救急病院の灯は消えることがなく、常にひとの生死と対面しつづける一群の人々が存在しなければならない。生命倫理とよばれるにいたった言説群が、倫理的思考に対してもちうる、第一の、最低限の意味は、こうした具体的な外部性と、そこに含まれる生の基層に、人々の目をいま一度向けさせるにいたったことである。「市民社会」から隔離され、不可視のものとなりつつあった医療の空間、技術がひとの生死を統御する空間に、あらためて注意を向けたことである、といってもよい。バイオエシックスとは、その意味で（少なくとも一面では）「医療空間」をめぐる啓蒙運動であり、さまざまな術語・ジャーゴンによって武装された特権的空間の解体運動でもあったと思われる。典型的には、脳死をめぐる問題が人々の関心を集めはじめたとき、「見えない死」（中島みち）とも呼ばれる脳死の問題を、それが不可視とされる構造自体において主題化したことは、生命倫理の功績の一つであり、インフォームド・コンセントをめぐる議論はそれ自身として、医療従事者のカリスマ的権威によっても彩られた医療空間そのものの近代化運動でもあったのである。

現代において倫理学的言説をなおも紡ぎだそうとする場合、その言説は単に古来の人間的生存の諸条件にかかわるだけでなく、なにほどか、生の風景への科学技術そのものの浸透を措いては成立しがたい。四苦が生の不変の条件であるとすれば、科学技術はすぐれて今日的な生の制約である。病院とは、かくして、人間の生死、科学技術、倫理学的言説の三者が交錯しうる現場となると言ってよい。それゆえ、医療の倫理に関心をもちえない倫理学は、それだけですでに現代の思考としては失格であると言わなければならない。倫理学が生への省察であり、生が現在、医療技術に浸透されて可能となっているかぎり、医療空間への倫理学的反省は不可避である。すなわち、生命倫理への関与は、現代の倫理学的思考にとって必然的なのである。

そのような視点から省みるならば、生命倫理を中心とする応用倫理学は、この国でもようやく単なる紹介・啓蒙の時期を過ぎて、本格的な研究、創造的な展開の季節をむかえつつあるように見うけられる。そうした開花の時節に直面して、応用倫理学に関心を持つ研究者のあいだで、しかし、一つの反省が開始されはじめているように思われる。それは、ひとことで言って、応用倫理そのもののいわば「倫理性」にかかわる反省であるといってよい。

一例を挙げるならば、この国におけるすぐれた生命倫理学者の一人である土屋貴志は、『応用倫理学の新たな展開』と題された論集のなかで、「理論のポイントを示すために現実の事例を取り上げることを、その事例の「ネタ」としての利用」と呼び、その問題点をめぐって、次のように書いている。

たとえば、阪神大震災では、生存者が多そうなところから瓦礫の撤去作業が行われたといわれている。また、負傷者の救急医療に当たっては患者の選別が行われ、治療しても助からない重傷の者は治療されなかったともいわれる。このような事例を用いて、功利主義と義務論の長所と短所をそれぞれ説明することはできよう。だが、個々の事例を詳細に取り上げれば取り上げるほど、今度ははたしてその事実を功利主義とか義務論とかいった理論で説明しきれるのか、説明したところで何になるのか、という疑問が生じてくる。肉親が瓦礫の下に埋もれながら救助できなかった人や、わが子が手当てを受けられずに死んでしまった人が、自分の事例が「コウリ主義だ、ギム論だ」と論じあうネタとしてリンリガクシャに利用されているのを知ったら、いったいどう感じるだろうか。[7]

生命倫理の諸論点をめぐって先端的な問題を提起しつづけている論者自身が、こうした深刻な反省を開始しつつあることは、それ自体注目に値する。その反省は、応用倫理学そのもののいわば倫理的基底へと掘りすすんで、ほとんどその基盤を掘り崩しかねないものであるかにも見うけられるほどである。

生命倫理それ自体の倫理性が問われるとすれば、それは、生命倫理が問題とすることがらがまさに人間の「生き死に」の現場であるということに由来する。その現場について、無責任な言説を流通させることは、それ自体として非倫理的ないとなみである疑いがある。いま引照した土屋のことばの前後を引用するならば、そもそもひとの生死を「ネタ」として「利用」することは「きわめて失礼で不遜なこと」であり、少なくとも「相応な覚悟が必要なこと」なのである。[8]

言うまでもなく、倫理学的言説がそれ自体として「倫理的」なものであるべきかどうかについては、議論の余地がある。たとえば、倫理規範一般から妥当根拠の一切を剝奪する言説は、それ自身としてはかならずしも「倫理的」ではないとしても、なお「倫理学的」であることは十分に可能であろう。学的な言説には、しかし一般に、学を自称するかぎりでの「責任」が伴うことについては、争う余地がない。この側面を、あらためて学としての言説の倫理性と呼んでおくことは可能であろう。[9] 問題を限定するならば、生命倫理をめぐる言説の現在は、この意味での「責任」をみたし、倫理性を有しているのかが問題となりうる。

かけがえのない生死をめぐる言説が無責任なものとなり、かくて学的言説としての倫理性への疑念をよびおこすのは、どのような場合であろうか。ここではとりあえず論証の手順を省略し、結論だけを先取りしてしまえば、それは、言説を紡ぎだす人間が、一つには、みずからの思考を練り上げず、十分な自己吟味も尽くさずに、できあいの枠組みのなかで、あるいはパラダイムの内部で、いわば「パズル解き」(puzzle-solving)に熱中する場合であると思われる。パラダイムが形成されていることの、トーマス・クーン的な意味における指標の一つは、「教科書」の存在であるから、バイオエシックスは、いまや疑いもなく一個のパラダイムに他ならない。

よく知られているように、教科書とは一般に、すでにひろく承認された学の枠組み、通説として(ほぼ)認証され、共有された概念、理論などが記述されている書籍のことである。とすれば、ひろく認められるところであろうように、哲学的な学にあっては、およそ教科書に類するものは、厳密な意味ではほとんど成立しがたい。あるいは、哲学的な言説であるかぎりでの倫理学的思考に関して強いて教科書を作成するとすれば、それは必然的にある種の「虚偽」を含むことになる。あるいは「重要」なことがらが欠落することになると言ってよい。――生命倫理の場合はどのような虚偽であるかといえば、それは、思うに、哲学的な根拠が欠落した、あるいは吟味を欠いたフィクションに他ならない。後論で検討する例で言うなら、身体の自己所有、つまり自分のからだは自己の所有に帰属するというドグマもそれに当たることになろう。

欠落してゆく重要なことがらとは何か。およそ哲学の場合、そうしたフィクションの批判、再検討こそが重要なのであると思われる。あるいは「社会契約」、あるいは「労働所有」論といった、それこそ哲学的にはその根拠こそがまさに問われるべきフィクションないしドグマを前提としつつ、他者の「生き死に」をめぐって繰り広げられる言説は、哲学的言説としては怠慢であり、そのかぎりでは学としての「責任」を果たしてはおらず、倫理学的言説としては倫理性が問われることになる。それは、生の受動的で必然的な条件を「ジグソーパズル」や「クロスワードパズル」[10]のひとこまのように見なすことと同義であるからである。ごく大ざっぱに言えば、生命倫理をめぐる、とくにこの国での議論の進行に、そうした危惧を強く感じてきた研究者は数多いはずである。

なぜであろうか。これも、ここでは論証に必要な手つづきを省いてしまえば、生命倫理学なるものがいまだ十分に哲学的な言説ではないからであると思われる。生命倫理をめぐる議論のかなりの部分は、哲学的には疑問の余地の多い、つまりまさに哲学的に問い返されるべき伝統的な枠組みを、吟味も加えず前提しつづけている。緊急の課題をまえに、「哲学的」な議論の時間はない、いまどのように発言するかが問題なのである、という反論は十分にありえよう。ただし、かりにそうであるならば、それは「倫理学」ではありえない。倫理学は、「有用性」以外の価値を知っているからである。また、「哲学」的言説でもありえない。哲学はやはり、「あたりまえ」とされることがらをこそ問いただすものであると思われるからである。

本章は、さきに見たような応用倫理学者自身の自己反省をうけ、以下やや別の視点から、応用倫理をめぐる現在の議論の問題点を考えようとするものである。応用倫理学と通称されている議論の分野は、今日十分に哲学的な言説と称されるに値するものとなっているであろうか。本稿では、以下もっぱら生命倫理の一論点を取り上げながら、この問題を考えてゆくことにする。

問題を限定する。以下の検討にあって念頭におくことになるのは、おもに「脳死」と「臓器移植」(11)をめぐって展開された諸議論である。念のため付け加えておけば、その議論はすでに終了しているとする、ありうべき反論ないし批判は、それ自体において、生命倫理の非哲学的なありようを、つまり「流行」としてのその言説の現在を証拠立てていることになると思われる。

2　時間

ことあらためて説くまでもなく、ひとはみな、どこからともなくこの地上に到来し、やがてどこへともなく立ち去ってゆく。自分の行く末がみずからには知られていないということ、「死」が人間的な知の端的な限界をかたちづくっているということは、ときに底知れない恐怖をよびおこすものでもあるだろう。誰もがならいおぼえているとおり、プラトンは、哲学を「死の訓練」(12)であると呼び、ほんとうの哲学者ならば死を恐怖するどころか、むしろ死を恋い焦がれるものであると説いた。だが、その同じプラトンが、ハデスをめぐる恐怖をかきたてる物語を「勇気あるもの」の教育のためには不適切なものと断じたのであった(13)。

「死」は古来、哲学的省察の変わらぬ問題でありつづけた。とはいえ、問題に対する回答は、哲学者によって区々であり、同じ哲学者にあってすら、文脈に応じてさまざまである。ともあれ、「死」について直接に語りだすのはきわめて困難であり、おそらくは端的に不可能である。それゆえ、死は古来「生」との対比で語られることになる。死はまた、「時間」の問題とのかかわりで語りだされる。誕生が個体における時の始まりをしるし、死と対比される生は「時のあいだ」にあり、死が個体における時の流れの終局をとりあえずは意味するからである。ここでは、このような観点から古来の議論をいったん整理しておくことにしよう。

さて一般に、二つのことがらのあいだでは、論理的に言って、「無関係」「関係」「同一」というあいだがらが成り立つ。それゆえ、生死をめぐって、「断絶」「関係」「連続」を説く理説が形式的には存在しえよう。いま、各々の立場における内部的な差異には立ち入らず、ここではとりあえずそう考えておくことにする。

断絶説の典型としては、エピクロスの言説を挙げておくのが常套であろう。死は最大の災厄として恐れられるが、しかし死は、エピクロスによれば「われわれにとってはなにものでもない」。「なぜなら、われわれが現に生きて存在しているときには、死はわれわれのところにはないし、死がじっさいにわれわれのところにやってきたときには、われわれはもはや存在していないからである(14)」。

エピクロスの言説そのものは、いわゆるヘドニズム(快楽主義)の脈絡のうちに、つまり死の恐怖をのりこえるという文脈のなかにある。断絶説それ自体は、しかし、近代以降、直線的な時間表象とも結びあって、逆に、「永遠の死」へのパスカル的な恐怖や、世界をはみ出している「神秘」への感覚も生み出すことになる。やや新しいところでは、『論理哲学論考』のウィトゲンシュタインを挙げることもできるであろう。生の時間は有限な直線によって表象され、その両端は「無」によって切断され、あるいは「奇跡」によって閉ざされている。じっさい、パスカルは、ひとが死後そこへと落下してゆく「虚無」と「怒れる神」とを恐れていたかに見えるし、[15] ウィトゲンシュタインは死を「生のできごと」(Ereignis des Lebens) とは見なさず、[16]「生の謎の解決」を「空間と時間との外部」(außerhalb von Raum und Zeit) に求めたのである。[17]

関係説の典型としては、他方、「メメント・モリ」(死を忘れるな) という標語に代表される古来のエートスがまず挙げられようが、この文脈ではたとえばハイデガーの理説をその一類型としてとらえ返しておくこともできる。「死への存在」あるいは「死にむかう存在」とも訳される Sein zum Tode は、当面の論脈ではむしろ (zu という前置詞を訳しかえて)「死へとかかわる存在」「死に関係している存在」とも解しうるであろう。じっさい、ハイデガーにあっては、時間性そのものが人間 (現存在) の成り立ちそれ自身のことであり、時間性は、現存在がみずからの死へと先駆けることにおいて現成するものである。未来 (あるいは「将来」) について言うならば、「もっとも際立った可能性 (すなわち死) に耐え、その可能性のなかでみずからをみずからへと到来させること (sich auf sich zukommen-lassen) が、未来 (Zukunft) の根源的な現象」なのである。[18] この、いわゆる先駆的な決意 (Entschlossenheit) において、人間的な生ははっきりと輪郭を持ち (ent-schlossen)、そのことによって逆に、生の人間的意味がくっきりと浮き立ってくる。ハイデガーそのひとの真意はともあれ、『存在と時間』の言説は、そのような文脈においても現に読まれ、親しまれてきたのであった。

こうした言説は一見したところ、第一に、死によって生の意味を確保しようとするものであるかに見える。これに対しては、さしあたり、「生」の意味を担保する死とはすでに生へと内在化された「死」に他ならないのであって、死それ自体はそこでは少しも問題となっていないと指摘することもできよう。死の「予感」は死ではなく、死はおよそ「経験」ではありえない。私が「死ぬ」という事実は、私が「存在する」ことが「存在することのかなた」（l'au-delà de l'être）によって境界づけられていることを意味している、のかもしれない[19]。そうであるならば、しかしかえって逆に、生と死とをより密着してとらえる立場もまたありうるはずである。たとえばさまざまな神話が、夢と覚醒との区別を解消するように、生の領分と死の領域とを連続させることをとおして[20]、生とその「かなた」とを同一視する考え方もありえよう。ここに、第三の連続説が登場するにいたる余地がある。

連続説の典型は、古くは、いわゆる「刹那滅」をめぐる理説、近代では、デカルトが論じた、言うところの「連続創造説[21]」であると思われる。この世界の一切が、一瞬一瞬、あるいは刹那刹那に、「創造」と「破壊」を、「生」と「死」とを反復している。そのかぎりでは、生とは死の別名に他ならない。

現代では、一見したところ、ただちに支持を得にくい、あるいは実感として把握しがたくも見える立場であるから、直観的な理解のために、少しだけ註釈を加えておく。この理説は、まず時間論としては、「今」をめぐってアリストテレスが挙げたアポリアに対する一つの回答となっている。簡単に言って、今が「おなじ」ものなら時間は流れず、「ちがう」ものなら時間の単一性が成り立たない、というアポリア(22)に対する、それなりの解決になっているわけである。つまり、「ちがう」今が時々刻々と生滅する、そのことによって「おなじ」今が流れているかに見えるのだ、という答え方である。第二に、この考えは、元来はむしろ、円環的な時間表象と親近的であったものであると思われる。円環的な時間とは一個の矛盾であるかもしれないが、螺旋的な時間感覚は、私たちにとってはごく親しいものであると言ってよい。じっさい、春に新芽が芽吹き、夏に盛りをむかえて、秋に年老い、冬に死んで、ふたたび巡りくる春に「いのち」はよみがえる。ひとも日々、「覚醒」と「睡眠」という「小さな生死」を繰り返す。反復する事象を記述する時間の枠については、端的に直線的なかたちでとらえられるまえに、まずは螺旋的に感覚されることに、一応不思議はない。

第三に、現に私たちの身体は、かつて私であったものを日々、外部に送り出し、また置き忘れて生を実現している。髪は生え変わり、皮膚は新陳代謝を繰り返す。私たちの生は、微視的に言えば、無数の「生死の反復」に他ならない。その意味でもやはり、生と死は同一のことがらである。少なくとも、そう考える余地が存在する。

生死の関係をめぐる以上の三つの典型的な定位は、かくして、たがいに対立・補完しあいつつ、今日もなお何らかの意味でそれぞれ支持されうる側面を有していると言ってよいかもしれない。だが、なおも少し考えてみると、これらの理説はすべて、ふつうの意味では「生死」が分かたれていることを前提している。たとえば連続説、つまり、一見したところ当の「区別」を「否定」するかに見える立場について言えば、「現象としては区別されているにもかかわらず、その本質（あるいは本来的なありかた）にあっては同一である」という言説が成り立つためにも、そもそも生死が区別されていなければならない。テレビ画面上の映像は動いているように見えるにもかかわらず、ほんとうは光の明滅であると説かれる場合と、事情は同様である。当の例について言えば、スイッチを入れることが通常の意味での「誕生」、電源を切ることが「死」にあたる。そのあいだ、無数の光点、ディスプレーの素子の点滅という、微視的な「生死」があるわけである。

「脳死」という問題は、少なくとも当初は、この区別そのものにグレーゾーンが存在するという衝撃、しかも、その生死の曖昧な境界を技術がつくりだしてしまったことをめぐる衝撃でもあったと思われる。つまり、種々の装置によって保たれる「生」、あるいは管理され、長びかされた「死」、ということである。それはいずれにせよ、生死の時間の人為的な「繰り延べ」であり、いわば個体の「時の流れ」への介入に他ならない。これはたしかに一個の哲学的問題でありうる。それは、ただちに、「死」をめぐる私たちの理解、「時」の「流れ」という比喩にかかわる暗黙の了解を問いただすものでもありえたであろう。だが、脳死をめぐる議論にあっては、おおむね、問題のこうした側面は素通りされるにとどまったように見うけられる。

どうしてだろうか。それは、結局は、「脳死」問題を論じる論者たちの議論そのものが、相当に粗野な物心二元論を前提するものであったからではないだろうか。この認定に大過なければ、それは哲学的思考としては怠慢であるとのそしりをまぬがれない。なぜだろうか。理由は単純である。物心二元論は、あえて論争提起的に言えば、「死」の問題に、また、生の関心とかかわるかぎりでの「時間」の問題に、指一本ふれることができないからである。

さしあたり二つの理由から、通俗的な意味での物心二元論あるいは心身二元論と、死の問題とはすれちがってしまう。つまり第一に、物心二元論の内部には、死によってそれが失われる「生命」が、あるいは「いのち」が占める場所がないからである。この場合、生命、いのちとは、もちろん、ひとが日常的な場面で目撃するそれのことである。第二に、物質も精神も、じつはともども「不死のもの」「死なないもの」でありうるからである。この間の消息を、次に簡単に考えてみる。

第一の論点から取り上げておこう。いわゆる物心二元論が成立したとき、たとえば近代的なアニマあるいはメンスと、それ以前のプシュケーとはほとんど別のものである。後者は生命の原理を含み、前者は論理的に縮減されるならば、生命の原理を含まない。私たちが日常的に把握する「いのち」の特異性、たとえば、自分で自分を修理することはできない、破れたぬいぐるみと、尻尾を再生するトカゲとのあいだのちがいは、物心二元論のことばづかいからは、とりあえずは抜け落ちてゆく[23]。二元論はそのうえで、〈もの〉の側から機械論的に生命現象を再構成しようと試みるが、生気論、あるいは目的論の影が、そこにいつでもまとわりつき、ひかえめに言って問題を提起しつづけている。死とは「いのち」が失われることを、その一部として含むものであろうから、物心二元論にとっては不得手な問題であるはずである。

第二の論点はどうであろうか。私たちの身体は、ただの〈もの〉でもある。たしかに、痛みを感じる不思議な〈もの〉ではあるが、同時に、押せばころび、崖から落下する物体であり、その内部で複雑な生理‐化学的プロセスが進行している、物質の集合、物質の秩序だった集まりである。ところで、物質は「死」なない。物質はただ、あるいは腐食し、やがて解体するが、けっして消失しない。物質は、水に流され、あるいは土にかえる、つまり「始原的なもの」、アルケーへと還帰するが、消滅はしない。少なくともそう考えることが可能である。すべてがそこから生成し、一切がそこへと消滅するアルケーにとっては、ひとにとってかけがえのない生死の「時」、その「流れ」や「とどまり」は、そもそも何の意味も持ちえない。

物質的なものがアルケーへと立ちもどるには、しかも、かなりの「時間」がかかる。かつて身体であった物質も存外に丈夫なものであって、その〈かたち〉すら、なかなか消え去ってはいかない。なにも目新しいことではない。パイドン篇で、ソクラテスがすでに、エジプトのミイラを例に挙げて語っていたことがらである。(24)

念のため記しておけば、ミイラが示しているように、人間のたとえば毛根の細胞は、適当な条件のもとでかなりの期間にわたって生きつづける。細胞死ということを言いだすとするなら、「心臓死」もまたじつはほんとうの死ではなく、私たちはいつでもなお「生きている屍」を野辺送りしていることになる。じっさい、葬儀で「最後の別れ」がなされるとき、故人がなお体温を持っていて、「まだ温かい」と涙する光景は、さほどめずらしいものではない。この次元では、「心臓死」と「脳死」と

のあいだの差異はいわば便宜的なものであるといってよい面がある。(25)

それでは、どこで線が引かれるか。極端なかたちでの脳死論者は、そこで、精神的機能の停止をもって「死」であると主張することになろう。この主張に対してはさまざまに問題を指摘することが可能であるが、ここでは論点を一点にしぼっておく。

物心二元論でいう精神は、じつは不死の精神、死ぬことのない精神でありうる。じっさい、対話篇を書きつづったプラトンの精神は、ある意味ではなお「生きて」いる。これはごくふつうのことばの使われ方である。プラトンのテクストがなお残り、テクストからテクストが再生産されている、つまりプラトン研究が行なわれているかぎり、プラトンの精神は生き延びてゆく。かなり気どっていえば、プラトンの精神なるものは、プラトンのテクストのどこにも不在でありながら、再生産された諸テクストのいたるところに遍在している。純粋な「精神」にあってもまた、とりかえしのつかない「時」の経過はあらかじめ不在なのである。そう言ってもよい。

日常的に言えば、これは、特定の人間との関係が、いつ終了するのかという問題とも類似している。一方的に別れを告げられたとき、関係は終わるのか。あるいは、新たな関係がそれに終止符を打つことになるのだろうか。――じっさい、生き残るもの、生き延びたものから見れば、他者の死とは、「関係」をどう終わらせるかという問題でもある。なかなか終わってくれない関係があっても当然である。精神は生き延びるものであるかもしれないからである。加えてまた、物体であるはずの遺体ですら、なお温かいのであるからである。「関係」という観点からみるかぎり、まぎれもなく確認されるかに見える他者の死すらにわかには解きがたい問題となる。

こうして、ある意味で〈もの〉としての人間も死なないし、〈こころ〉としての人間も死なない、のかもしれない。物心二元論のなかで、ひとは死にそこなうことになる。あるいはせいぜい「死」とは「悠久の自然の表面における極微的な挿話」であるに過ぎないことになろう[26]。

それでは何が死ぬのか、あるいはだれが死ぬのか。ここで結論を出すことは、もとより不可能である。ただ、問題のこうした脈絡と切断されたところで、「脳死」がひとの「死」であるかどうかが議論され、脳死判定の「基準」なるものをめぐる論議が一人歩きを始めるのは、どう見ても奇妙な光景である。論者たちの念頭にあったのは、そもそも、一人称の死なのか、それとも二人称のそれなのか。あるいは三人称における死のみが問題であったのであろうか[27]。三人称の死であるなら、それは〈もの〉の消失と区別が困難であるかもしれない。二人称の死には、いわば定義上終わりがない。一人称の死については、どのような水準でそれが議論されうるのかということすら、いまだほとんど確定されていないように思われる。

3　身　体

そもそも、身体を現にたちはたらいている機能のシステム（あるいは機能‐状態系）と考えるかぎりでは、いうところの「精神的機能」を脳という身体部位に局在化して定位すること自体に、なお問題が残る。論点を見やすくするために、論者たちに有利であるかに見える「計算」という場面で簡単に考えてみよう。

いま、大型計算機を使用して、円周率を計算しているとする。そのとき、「計算」しているのは、大型計算機を使用する者の「脳」であろうか、それとも「計算プログラム」（というソフト・ウェア）であろうか、それとも「計算機」（というハード・ウェア）そのものであろうか。最もナチュラルな答えは、それらを含むシステムの全体が「計算」している、というものであると思われる。それでは、「算盤《そろばん》」の場合はどうか。また、「筆算」の場合はどうか。あるいはまた、「暗算」しているさいに細かに運動している「指先」はどうか。――事情はどの場合も原理的には同様であるように思われる。「計算」しているのは、論者たちの言う「脳」を重要な一部として含む、（そのつど拡大し、縮小する）機能‐状態系としての身体システムなのである。

にもかかわらず、脳にのみ計算機能が局在化されるとすれば、それは、現にたちはたらいている機能‐状態系と、（剖見によっても観察・確認可能な）構造‐機構系としての身体とがしばしば混同されるからであろうと思われる。当面の問題場面で、この混同が起こりやすいのは、そして、よく知られているように、「脳死」をめぐる現実的には最大の論点が「臓器移植」の可能性ともからんでいたからであると言ってよい。臓器を摘出し、それを移植する立場から見るならば、（脳をその一部とする）身体は、端的に構造‐機構系であって、機能‐状態系ではない。身体は、それが構造‐機構系としてとらえられる場合にだけ、部分へと切り分けられ、身体システムから単離可能なものとなるからである。いうところの精神的機能を脳へと局在化させることは、相互に分離可能な臓器群（*partes extra partes*）として身体を定位するために、いわば方法論的に不可避な手つづきであったのである。

心身問題ないし心脳問題の核心ともかかわるこの点については、ここではこれ以上立ち入ることができない。ここではただちに、もう一点取り上げておきたい論点に移ることにしよう。それは、死をめぐる身体の「所有」という問題である。身体の所有という論点は、とりわけ、死後の身体の帰属をめぐって、臓器移植の問題と密接に関連することになる。

この場面での、論者たちの前提は、ひとことで言って、「私の身体は私のものである」、つまり身体の「自己所有」というロック的（とされる）理念に他ならない。このロック型の所有論は、そして、卑俗な意味でのデカルト主義、素朴な物心二元論の系であると言ってもよいであろう。「狭義の自己所有権」[28]とも言われる、自己の身体へのこの「権利」なるものは、しかし、自明なもの、あるいはそれ以上問うに値しない、ひろく共有された、いわゆる「道徳的直観」にもとづくものなのであろうか。まず、具体的な例を一つだけ挙げておく。身体の「自己所有」という理念の現在を、最初に「直観的」に把握しておくためである。ある種の論者たちにとって吟味の対象ともならない、この理念が、生の現場でどれだけ腐食しつつあるかを確認しておきたい。

過年、北海道大学医学部の学生グループが、東南アジアで、ある調査を行なった。その結果浮き彫りにされた事実は、いわゆる先進国における移植技術の「発展」が、どの程度、いわゆる途上国の生の「荒廃」を生み出しているかということである。調査が具体的に明らかにした実例を一つ挙げておくと、たとえばタイのある山村では、成人男子のほとんどが、片方の腎臓を失っている。念のため付記しておくと、病気のためではない。腎臓のゆく先はいわずと知れている。彼らはまさに文字どおり身体を切り売りし、その結果、貧しい山村の慎ましい生活がやや潤っていることは否定することができない[29]。

少しだけ付け加えておくと、腎臓も適性のむずかしい臓器であるから、通常は腎臓を病む人々の近親者が臓器を「提供」することになる。それゆえ、村中の男たちの腎臓は、たった一人の富裕な人物が生き延びるため、あるいはその人間のQOLと称されるものを向上させるためにのみ「購入」され、「消費」されたと「計算」することも、外挿的な統計的想定としては十分に可能であろう。

問題の焦点はこうである。「領有法則」は必然的に「転回」する。やや角ばった言いまわしをあえて使用するならば、自己所有という理念は全面化された商品社会のイデオロギーなのであって、現実には「身体の自己所有」が、身体の喪失を、あるいはその「収奪」を、「個体的な所有」の解体を、産みだすことになる。じっさい、タイの山村の人々は「自分の」腎臓をつぎつぎと失ってゆく。ここでも、身体の自己所有「権」について語ることが意味をもつとすれば、それは、「自由」に収奪される「権利」としてのみ現実的な意味を有するに過ぎない。収奪する者はだれか。収奪する者が収奪される、「最後の鐘」がいつ「鳴りひびく」のか[30]。「壁」崩壊後の世界で安易な希望を語ることはいずれにせよ許されないであろう。

だからこそ、ガイドラインをもうけ手術を合法化して、臓器移植そのものを十分な管理のもとにおくべきであるという議論は、おそらく、近代以降の社会の基本的な成り立ちに無知な人間、あるいはあえて無知をよそおう人間のものであると思われる。「性の商品化」を挙げるまでもなく、この社会ではまさに「すべてが売りもの」となる。だからこそまた、臓器の無償の提供者と、その受容者の双方をコンピュータの管理下におき、システム化するべきである、と説く論者もまた同様である。そうしたシステムが可能となってなお、一方に「匿名の死」を待ちのぞむ患者と医療グループが存在する、という構造そのものは変容しない。そのかぎりでは、水面下ではやはりブラックマーケットが動き、臓器の売買という「資本の壮大な文明化作用」(the great civilising influence of capital)[31]はとどまることがないように思われる。現に、臓器の売買がある程度「合法化」されているインドや、「非合法」に臓器がさかんに取り引きされているフィリピンの事例に関する報告を見るかぎり、ことは商品社会と市場経済そのものの必然的な一帰結に過ぎないかのようにさえ、思われるのである。[32]

言うまでもなく、ここには、グローバルな規模で考えたとき、私たちの生が現在どのようなあり方をしているかという問題の総体とかかわる、一連の困難がある。一方では、腎臓を売らなければ最低限の生を維持できない、「近代化」に食い荒された山村、私たちのいわば水ぶくれした「生」の裏側に張りついた、アジアの山村の生、QOLなるものを論じるに足る条件すらあらかじめ奪い尽くされた生があり、他方では、人工透析の苦痛と負担に耐えつづける、生まれながらに平均的ではないからだの仕組みを抱えてしまった子どもたちと、その家族が存在している。この事実をまえにして、筆者としてはとりあえず語りだすべきことばを持ち合わせていない。だが、倫理学的省察を哲学的な言説としてなおも紡ぎだそうとするならば、考察は少なくとも原理的な次元からあらためて開始されるほかはないであろう。「所有」という理念の再検討をすることが、とりあえずその手がかりとなると思われる。

さて、そもそも、私が私の身体を所有するというのは自明なことがらであろうか。じつはこれが単なるイデオロギーであるからこそ、「領有法則」はやがて「転回」し、アジアの身体たちが現に収奪されているのではないだろうか。問題を考える準備を、いわゆる「労働所有論」から始めることにしよう。

土地そのものは、元来、無主の大地、つまり所有する者の存在しない地でもあろう。であるが、その大地に私が鍬を入れ、耕作し、畝をつくる。そのことで、無主の大地に労働の痕跡がきざみこまれ、土地に私の「労働」あるいは「労苦」が、要するに labour が「混入」する。かくして、その土地は「私のもの」となる。――ロックに由来するとされる労働所有論は、ごくおおまかに言えば、このようなものである。だからまた、ノージックがロックのあげ足をとって、大海にインクを一滴たらせば、私の「労働」の「混入」によって、七つの海は私の所有に帰するのか、と揶揄することにもなったと言ってよい。

これも、べつだん目新しい議論ではない。私たちは大地に種を蒔き、草をとり、身をかがませて刈り取って、収穫を手にする。私たちはこうして果実を育てることになるが、大地もまた果実を育んでいる。マルクスが語っていたように、しかも私たちは、「自然がそうするように(33)」果実を育てあげ、自然の力をかりて、収穫を手にするだけのことである。収穫に対する所有を要求することは、大地の寄与の忘却であり、抹消に他ならない。それは、ひとことで言って、不当な越権を形成することになる。

それゆえ「労働所有論」は成り立ちえない、と一気に結論を下すことはもちろん許されない。しかし、少なくとも明らかなのは、労働所有論という近代公認の理説には、再考の余地があるということである。

なぜ「労働」の「混入」が「所有」を創設するのか。ひとことで言って、労働する「手」が、つまり鍬や鋤を持つ「手」が、「私の手」、つまり「私のもの」だからである、とロックは主張する。ロック型の所有論にあっては、かくして、身体（あるいは身、一身 person）こそが無制限な私の所有物、しかも最初の所有物ということになるはずである。

よく知られていることがらであるが、あえて再確認しておけば、「労働所有論」は、このようなかたちで、「身体所有論」に、少していねいに言えば、「自己身体」所有論に裏打ちされていることになる。「身体」こそが第一の「所有物」であり、身体による「労働」こそは所有の淵源である、ということになるわけである。

私は私の身体を「所有」する、と言われる。ほんとうだろうか。第一に、私が所有することができるのは、ふつう、私とはちがうもの、私にとって「外的」なものであろう。身体は「私」にとって「外的」なのであろうか。自己身体について「所有」を語ることは、〈私のもの〉と〈私であるもの〉

との差異を抹消し、かくて、所有そのものがそれにもとづいて可能となる、〈所有される〉〈もの〉と〈所有する〉〈私〉との距離（つまり、所有されるかぎりでの、〈もの〉と私との〈ちかさ〉と〈へだたり〉）を測り誤ることになり、かくして「所有」概念そのものを空無化することになるのではないだろうか。

第二に、「身体所有論」自身が、「労働所有論」そのものと齟齬をきたしかねない。なぜなら、身体をたずさえて生まれ落ちてきたことについては、私は「インクの一滴」はおろか、指一本ふれてもいないからである。私はなぜか、身体として生まれてきて、何ゆえにか身体として生きているだけである。論者たちの議論の多くは所有を正当化する根拠を求めて、しばしば原始的な占有へとたどりつく。単に先取的な占有が所有を根拠づけるかについてはいま措くにせよ、そもそも身体に関する占有という概念は有意味的に成り立っているのだろうか。

第三に、身体とは、そもそも、私ではないものとの関係において、私が私である様式に他ならない。すなわち、私は日々、時々刻々、大気を取り入れ、世界の果実、自然の贈与を受け容れながら、つまり自分ではないものを同化しながら、「私」として生きている。私の身体は私ではないものによって支えられ、私が世界に根づく形式である身体は、世界によって裏打ちされている。要するに、「身体であること」（être corps）とは「他なるもののうちで生きながら〈私〉であること」（être moi tout en vivant dans l'autre）である。身体とは、そのつど・すでに、〈自己のもの〉であるにおとらず、不断に〈他なるもの〉なのである。

第四に、一面ではことがらの裏返しに過ぎないが、私は私の身体でありつづけることで、時々刻々、毎日毎日、私であったものを譲りわたし、置き去りにしてゆく。私の身体は二酸化炭素を排出する物体であり、老廃物が剥がれ落ちてゆく生ける物質でもあり、排泄物を生産する機械ですらある。私は、そうした身体であることで、それをつうじて、「私」でありつづける。少しだけ概念化して語りなおすならば、身体とは「差異」のなかで、しかし「差異」を超えて、私の「同一性」を構成する装置であり、私は身体において「自己」を「所有」し、かつ「譲渡」している。[34] 自己を「譲渡」(alienation)するとは、「狂気」(alienaion)であるとはかぎらない。私は日々、排泄物を外部化してゆくことで、かつて自分であったものを「譲渡」している。それがやがて肥料ともなるのであれば、それはやはり、自然に対する「遙かな譲渡」、時をへだてた譲渡であることになるであろう。

4　むすびにかえて

さて、以上の検討は、それ自体としては、臓器移植を否定する論拠ともなりうるし、それを肯定する議論ともつらなりうる。私は自分が「所有」していないものを「譲渡」できないとも言いうるし、もともと「所有」していないのだから、死後の処分に関する権利など存在しようもないのだ、とも語りうるからである。

後者の場合、私たちは、言ってみれば、身体については、死ぬまでという期限付きの「借地権」を持っていて、「占有」する権利はあるが、「所有」する権利はないことになる。これもなにも目新しいことではない。ピタゴラス派のピオラオスたちがソーマはセーマであると主張していたこと[35]の裏返しであるに過ぎない。ある意味では、西洋においてすら、ロック的な所有感覚はごく新しく、特殊なものなのである。そう言いうるかもしれない。

となると、そもそも「権利」とは何かが問題となりえよう。いわゆる「自由、平等、所有そしてベンサム」を超えて、なお問題となりえよう。

問題は、かくして、生命倫理の世界でしばしば登場する「契約」モデル的な人間理解の問題性へとつらなり、他方ではまた、「権利」概念を再考することは「環境倫理」の根拠を問い返すこと、また、「現代正義論」の前提をとらえ返すことへと連接してゆくはずである。小稿は、しかし、応用倫理学一般の問題性を省察する入り口へとようやくたどりついたこの地点でいったんは閉じることとし、いったん本章における考察を閉じることにする[36]。

（1）　Vgl. [Löwith 1928 : 281]

（2）　のちに見るように、バイオエシックスは一面では、「医療空間」の近代化運動であり、さまざまな術語・ジャーゴンによって武装された特権的空間の解体運動でもあったと思われる。生命倫理の世界で今日しかし、多様な「略語」がとびかうにいたったことは単なる歴史の皮肉と言ってすますわけにはいかない問題が孕まれているように思われる。略語とは、それに関するひとの無知を暴き出し、「素人」を議論から排除するイデオロギー装置でもあるからである。「略語のイデオロギー」については、［田中 1975：243ff.］。

（3）Vgl.［Dilthey 1960：80f.］

（4）［Montagu & Matson 1979：訳 134］

（5）［森岡 1989：43］

（6）［川本 1995：106］

（7）［土屋 1995：31］

（8）［同］

（9）さしあたり、政治倫理に関してヴェーバーが説いた古典的な表現をつかえば、事柄《ザッヘ》に対する「情熱的献身」ということになるであろう。

（10）Cf.［Kuhn 1970：36］

（11）のちに見るように、「脳死」と「臓器移植」という二つの問題を関連づけること自体が一つの立場を先取りしている。

（12）『パイドン篇』67E, 81A.

（13）『国家篇』386A－387B.

（14）『ディオゲネス・ラエルティオス・列伝』X. 125.

（15）『パンセ』（ブランシュヴィック版 194）

（16）『論考』6.4311.

（17）同 6.4312.

（18）［Heidegger 1927 : 325］
（19）Cf.［Lévinas 1992 : 21, 24］
（20）Vgl.［Cassirer 1924 : 48f.］
（21）*AT* VII, p. 110f.
（22）『自然学』219b 9 – 15.
（23）もちろん、基本的には二元論の枠内で、しかし、生命の原理を regulativ な原理として復元しようとするような（たとえばカントの第三批判に典型をみとめうる）努力はありうる。だが、大筋から言えば、「「物質」とも「精神」とも異なる「生命」の第三領域」は「一八世紀末」に（再）発見された、と考えることができよう。［河本 1995 : 14］
（24）『パイドン篇』80C – D.
（25）［廣松 1996 : 138f.］
（26）Cf.［Jankélévitch 1953 : 49］
（27）Cf.［Jankélévitch 1977 : 24ff.］
（28）［森村 1995］参照。なお、［立岩 1997］をも参照。
（29）この調査については北海道の地方ニュースで報道された。調査報告がどのようなかたちで公表されたかについては、現時点では未確認である。
（30）『資本論』第一巻（*MEW* Bd.23, S.791）
（31）『経済学批判要綱』（ディーツ版　S.313）
（32）たとえば、［小松 1996］参照。

(33)『資本論』第1巻(*MEW* Bd.23, S.58)

(34)[Lévinas 1961 : 121]

(35)『クラチュロス篇』400C.

(36)本章は、一九九六年一二月一三日、大阪大学文学部倫理学研究室の主催で開かれた、「哲学における〈現場〉」と題するシンポジウムにおける筆者の報告(「死と所有をめぐって――臨床哲学への途上で」)をもとにしている。報告はまず『臨床哲学ニューズレター』創刊号(大阪大学文学部倫理学研究室、一九九七年刊)に、柘植尚則氏記録による「要旨」が発表され、また、『モラリア』第4号(東北大学倫理学研究会、一九九七年刊)に論文のかたちで活字化された。本章は、この後者をもとにして、論点を追加し、書き改められたものである。

2 生命と死をめぐる実践的討議
——障害新生児の安楽死問題を手がかりにして——

●霜田　求

1 はじめに

現代社会はさまざまな難問に直面しているが、とりわけ人間の生と死の境界に浮上してきたいくつかの問題には、ただちに答えを出すことの困難な問いが含まれている。人工妊娠中絶、出生前診断（それにより障害が発見された場合の選択的中絶）、生殖技術の利用、障害新生児の安楽死といった〈生命の選択・選別〉に関わる問い、終末期患者や植物状態での安楽死・尊厳死、脳死状態での治療打ち切り（あるいは臓器移植）など〈死の選択〉に関わる問いがそれである。これらの問いに答えようとするとき、しばしば「生命の価値」と「当事者の自己決定」という二つの論点が中心的な位置を占める。前者は、たとえば「生命の質」や「当人（ないし周囲の人）の利益」の評価に基づいて当の個体が「生きるに値する／値しない」の判断を下す、といったかたちで論じられる。後者は、生命あるいは死の選択ではそれに直接関わる当事者（本人または家族）の決定が最優先されるべきであるという考えであり、バイオエシックス（生命倫理）の基本原理となっている。

たしかに、実際の現場で生／死の選択が迫られる場合、これらの論点が基準・尺度として重要な役割を果たしていることは否定できない。しかしそこでも、どのような原則に依拠し、またいかなる手続きのもとで、誰が評価・判断を下すのか、そしてそのような意思決定はいかなる根拠によって正当化されるのか、といった意思決定システムの問題を避けて通るわけにはいかないであろう。それは、生命の「価値」や決定する「自己」についての言説を検証するという作業も含めて、生命と死をめぐるコミュニケーションの在り方を問い直すことである。

ここでは、「重い障害をもって生まれてきた新生児を殺すこと（致死的処置＝積極的安楽死）あるいは死なせること（治療停止＝消極的安楽死）は正当化可能か」というテーマに即して考察を試みる。その際、アーペル（Apel, K.-O.）とハーバーマス（Habermas, J.）が定式化し、その後法・政治・応用倫理学といったアクチュアルなテーマに取り組みながらその理論的可能性を追求している「討議倫理学（Diskursethik）」を軸に据えることにする。その基本的なスタンスは、意思決定の手続きとしての「討議」に定位して普遍的な道徳原理を根拠づけつつ、それを歴史的・社会的な状況の中で生じる具体的問題と関係づけるというものである。普遍主義的な原理レヴェルと現実の歴史的状況への適用および帰結（結果）への責任のレヴェルという討議倫理学の二段階戦略を批判的に継承する中で、生命と死を考える新たな方向性を探ってみたいと思う。

そこで、まずバイオエシックスとりわけ人間の生命と死をめぐる諸問題において普遍的な原理・原則をなす諸概念に関して、しかもそれが具体的状況の中でどのように機能するかという点に焦点を当てて検討を行なう。それに基づいて、討議倫理学における〈適用（Anwendung）〉という理論的実践の射程を見究める。以下で主題的に論じるのは、アーペルを継承し、討議倫理学の理論的な展開に精力的に取り組んでいるベーラー（Böhler, D.）とマタイス（Matheis, A.）の論考である。その基本モチーフは、一九八〇年代後半から英米系のバイオエシックスの議論がドイツ語圏にも広がりを見せ始めていくという時代背景の中で、いわゆる「シンガー事件」(1)を機ににわかに浮上してきた障害新生児の安楽死問題について、――シンガーらの依拠する功利主義的観点への批判を遂行しながら――討議倫理学の適用問題の事例として論じる、というものである。はじめに彼らの構想する討議倫理学の骨格をごく簡単にまとめた上で、「論争」の検討に移っていきたい。

2　人間の尊厳原則と責任倫理
――討議倫理学の基本構造――

★二段階倫理学としての討議倫理学――アーペルによる定式化

普遍主義的な性格を持った道徳規範の形式的‐手続き的な根拠づけを行なう段階（＝「部分A」）と、現実の諸問題領域、すなわち法・政治・経済、社会・文化、学問（応用倫理学）におけるその適用に際して行なわれる、具体的・実質的な規範の根拠づけの段階（＝「部分B」）とに分けて、コミュニケーションの理論を中心とする規範倫理学を構想する、というのがアーペルの基本プログラムである。第一の段階は、超越論的および反省的に獲得された言語の語用論的諸規則――「反事実的に先取りされた理想的コミュニケーション共同体の諸先行仮定」――としての根本規範に従うという「普遍化原則」（＝「究極的根拠づけ」）のレヴェルと、討議の参加者は互いに同等な権利を持つ者として相互に承認し合いながら、相互主観的に妥当する合意の形成へと義務づけられているというレヴェルから成る。第二の段階では、普遍的な道徳規範の歴史的状況への適用の際に提示される具体的な規範の根拠づけ（正当化／批判）と、そこから生じる諸帰結への責任の倫理性（＝「責任倫理」）が問われる。(2)

★人間の尊厳原則と適用問題

ベーラーは、基本的にはアーペルの枠組みを受け入れ、さらに詳細な展開を試みる中で、〈究極的根拠づけ‐責任倫理〉を軸とした討議倫理学の体系化を推し進めようとする。彼はまず、「理想化する倫理の正統化の部分」である「部分A」を、「無条件に義務づける要求を持つ、究極的妥当の反省的指示」の段階（＝「A1」）と、「行為状況（理想化する討議状況）を視野に入れて道徳的に義務づけるものとして、すなわち規範的に正当なものとして妥当しうるものに関する実践的討議」の段階（＝「A2」）とに区分する。そして、論議による合意へと義務づけられた討議参加者が同等な権利を持ったパートナーとして相互に尊重し合うこと、——この究極的に根拠づけられた原理（A1）として、実質的側面を含む規範を導入する。それは、この原理にとって必要な「外的な実現条件」をなす「生の条件」すなわち「コミュニケーション参加者の生命の保証とコミュニケーション的自由の保証」もまた前提されねばならない、という規範である。この条件に対応する権利、すなわち「生命への権利」と「コミュニケーション的自由への権利」こそ基本的な「人権」であり、これを尊重することが「人間の尊厳原則」の内実を形づくる。(3)

この原則が「ドイツ基本法」の「人間の尊厳」条項の記述を討議倫理学の普遍化原則として捉え返したものであることを、ベーラーは繰り返し強調する。その上で、この原則の具体的内容として、「良心の自由の保障」、「あらゆる人格の不可侵性と法的平等」、「自己の実現・情報・コミュニケーション・集会と結社などへの、あらゆる人格の自由の保障」を挙げる。討議倫理学の枠組みの中で、この「人間の尊厳を尊重せよという義務」は二重化される。すなわち、一方でそれは「理想的コミュニケーション共同体の先取りという要請」ないし「無条件に義務づける原則」(=「普遍化原則」)として「究極的根拠づけ可能」な規範であり、もう一方では「理想的コミュニケーション共同体という関係性に近づくよう努力せよという要求」(=「統整的‐目的論的な普遍化原則」)として、現存社会のうちにこの規範に対応する制度・方策を実現せよと命じる。そしてこうした「道徳原理の二重構造」に基づき、普遍的な原理の具体的状況への「適用」が主題化される。(4)

適用の場面で問われるのは、歴史的状況の中で立てられる具体的な「規範提案」を実践的討議において正当化/批判する際の形式的規準であり、それは、規範提案の「状況への適合性」が吟味され、規範がそのつどの状況に相応しい形に具体化される段階と、規範提案の正当化または拒否・訂正の可能性を含めた「道徳的な正当性」の検証の段階とに分けられている。ここではとくに、それ自体では不可謬である普遍化原則としての「人間の尊厳原則」が、「歴史的経験や道徳的学習過程」と関係づけられ、政治的・法的・経済的な諸状況に適用されて具体的規範という形をとる場合には「可謬的かつ改訂可能」である、という点に注目しておきたい。というのは、普遍化原則が命じる義務づけは現実の状況の中ではそのまま要求することが困難であったり、その諸帰結への責任を負わせることが不可能であったりすることが少なくないという洞察は、「責任倫理」を独立した固有の水準として位置づけるベーラーの基本戦略の重要な前提だからである。(5)

★責任倫理

責任倫理を構成する独自の問題の主な特徴を、ベーラーは次のように述べている。責任倫理の問題が不可避であるのは、コミュニケーション共同体の二重性とその関係の在り方による。「討議において反事実的に先取りされる〈理想的〉コミュニケーション共同体と、歴史的に不確定なコンテクストを形成している実在的コミュニケーション共同体との間には、止揚できない……緊張関係が存する」が、「この緊張関係から、討議倫理学の道徳原理の適用可能性に対する、ヴェーバーの意味での〈責任倫理〉という結果が生じてくる」。つまり、人間の尊厳を尊重せよという当為命令と、場合によっては死なせる選択をせざるをえない現実の状況との間には「原理的・実践的な差違」があり、そこでは行為の帰結に対する責任が問われうる。責任倫理の問題が生じてくるのはこのような場面においてであり、その課題は、「規範の正当化という討議状況と非討議的な生の状況との間の裂け目がいかに架橋されうるか」という問いに答えることである。言い換えると、「道徳的な（A2の）規範を行為状況のうちで適用するための規準」を示すことが要求されているのである。(6)

3　討議倫理学によるシンガー批判

シンガーらによって提起された重度障害新生児の安楽死問題を、ベーラーは、討議倫理学に突きつけられた厳しい問いかけとして受け止め、それとの対決の必要性を認める。この問題が討議倫理学にとって無視できないのは、それが「厳格な道徳――そしてまた、討議倫理学の道徳原理（統整的な普遍化原則）の厳格な適用も――が、当事者たちの間での論議による合意には到りえないことの間接証拠」だからである。[7] つまり、ベーラーは、無条件の服従を要求する普遍的な道徳原理をそのまま具体的状況に適用することができず、それゆえそこで提示される規範の正当化も困難であるような問題として、さらには責任倫理を固有の水準で論じることを迫る問題として、これを捉え返すのである。

★主な論点

そこで、シンガーらの障害新生児の安楽死容認論に対するベーラーとマタイスの批判を、（ア）功利主義的な〈線引き〉の恣意性、（イ）社会的文脈の副次化、の二点に分けてまとめた上で、それに対するシンガーおよびクーゼの反論にも言及してみたい。[8]

（ア）シンガーによれば、「生命の価値」の尺度すなわち〈生きるに値する／値しない〉の線引きは、「自らを持続的に存在する独自の実体と見なしうる」能力や「自らの将来の在り方についての選好」の有無、言い換えると「人格」（＝「理性的で自己意識のある存在」）であるか否かという、当の生命の「内在的価値」による（このレヴェルでは障害の有無は問われることがない）。そして、「人格」ではない「感覚的存在」の場合――「障害新生児」はここにランクづけされる――、その存在に期待される「生命の質」すなわち障害のレヴェルや関係する当事者（とくに家族）の「利害関心」が

考慮される。(9)

ベーラー／マタイスはこうした〈線引き〉に対して次のような批判を加える。①「シンガーは、〈健常な〉（非障害の）人と〈ハンディキャップ〉を持って生きる人との間に新たな境界を引く」ことにより、「性差別、人種差別、種差別を〈健常主義（Fitness-ismus）〉に置き換えているのではないか」。②シンガーが「生存権・生命保護を人格の地位への帰属と結びつけている」ことには根拠がなく、むしろ「人間の尊厳原則に従えば、まず感覚能力、生への利害関心、そして人間という種に帰属することが生命保護の要求〔を持つ〕」のである。③功利主義的な線引きを導出する際のプロセスは、「孤独な思索家としての〈実践の倫理学者〉のモデル」＝「〈健常な〉主観のモノローグ的な感情移入のモデル」に基づき、「費用便益分析」によって「一義的な結果」が得られるというものである。④幸福・苦痛・利害・欲求といった尺度の基本概念が、「主観的‐社会的かつ歴史的‐状況的な実践的解釈の産物」であり「他者とのコミュニケーションによってその意味が明らかになる」という洞察が欠落している。⑤「人間の尊厳原則」のような「無条件に義務づける原理」を前提せず、「コミュニケーション的手続き」によって得られる「相互主観性」の義務づけの力を考慮の外におく功利主義的思考は、「根拠づけの問題」を「動機づけ問題」に解消してしまう。⑥シンガーは医師の主観的評価に依拠するにとどまり、「倫理的規準の哲学的反省」を遂行しない。しかしこの「哲学的反省」によって初めて、〈生きるに値する／値しない生命〉の区別の有意味性、その区別の際顧慮すべき視座・知・経験がどのようなものか、そして〈生きるに値しない〉という価値判断を〈殺すことは正当である〉という規範命題に結びつけることの可否、といった「概念的‐手続き的なメタ倫理的な種類の問い」に答えを出すことができるのである。[10]

（イ）〈障害〉という問題系において重要な位置を占めている社会的文脈が、シンガーの議論の中では副次的・外在的なものとされているという点に関しても批判が加えられる。①「明らかに、シンガーは〈障害〉を、その解決がたんに私的な水準で求められるべき、当事者である両親と子の私的な問題として格づけ」ており、「公共性や社会が障害をどのように主題化しているのかという問い」は脇へ押しやられてしまうことになる。②それゆえ、障害新生児の安楽死処置に関して、「他の障害者やその人たちの経験は、合意による解決を求める際の論議参加者としては除外される」ことになり、障害者の視座（パースペクティヴ）は排除される。[11]

★シンガー／クーゼによる反論

討議倫理学による以上のような批判に対して、シンガー／クーゼは次のように反論する。①討議倫理学が「無条件に義務づける原理」として掲げる「人間の尊厳原則」なる概念が不明確である。②『実践の倫理』においてシンガーが「人格」と「生存権」を結びつけているという批判は誤読である。③「モノローグ的」であるとする批判に対しては、シンガー／クーゼはその著作『その赤ん坊は生きるべきか』（一九八五年）の中で、障害者団体や当人および家族の意見を考慮しており、その意味で自分たちは「幅広い視座を含んでいる」。④障害者の視座の欠落という批判に対して。シンガーらが依拠する「選好功利主義」では、「決定による影響を受けるすべての人の選好を考慮に入れねばならない」がゆえに、「もし重度障害新生児の安楽死の政策が、〔現存する〕障害者自身の強力なそして考慮されるべき選好に反するとすれば、もちろんそのことは功利主義者にとっては考慮すべきファクターとなるであろう」。⑤障害新生児の両親の「合理的かつ自律的な存在者」としての決定に対して、「子供のケアや福祉には何の関係もない人々」による介入は拒否されるべきである。(12)

以上の「論争」についての検討は、討議倫理学の見解を基本的には支持しつつ、ベーラー／マタイスの枠組みそのものへの批判的検討を加えながら、さらにそれを徹底させる作業の中で行ないたいと思う。

4 〈人間の尊厳原則－責任倫理〉を軸とする討議倫理学のスタンス

★「人間の尊厳原則」の適用の「制約」

さて、障害新生児の安楽死問題が直接に関わるのは当の新生児と両親であるが、これを論じる場合、ベーラーはそれぞれに固有の困難さがあることを認める。一方で「新生児は、討議に加わることはできないし自分の欲求を声に出すこともできないから、……新生児自身が討議の中で自ら主張する者としては代理されざるをえない」がゆえに、他方「両親は自分たち自身の利害の主体であると同時に重度障害新生児の責任を負う代理人でもある、というディレンマのうちにある」がゆえに、双方共に人間の尊厳原則をそのまま適用することはできず、その「制約」が不可避である。しかも、「人間の尊厳原則そのもの」が「無条件に義務づける原理として証示されうる」のに対し、「人間の尊厳原則の具体化したものは可謬的かつ改訂可能であり」、したがって「人間の尊厳原則の概念の内容規定」に関する「具体的な実践的討議」が設定されねばならない。しかし人間の尊厳原則の内実をなす「生命への権利」と「コミュニケーション的自由への権利」は、それを主張しうる者に対しては無条件に擁護されねばならない一方、主張することができない者に対しては、その処遇が主張しうる者（＝討議参加者）による論議に委ねられる、ということになる(13)。

そこで、討議の原則がそのままでは当てはまらない当事者の視座に「討議と同等のもの」を与えるために、ベーラーは二つの「規準」を提示する。一つは、「当事者に対する（道徳的義務づけの）要求可能性の規準」であり、もう一つは「代理行為者の責任と当事者との結びつき可能性の規準」＝「責任負担可能性の規準」である。この二つの規準を中心に据えた「責任倫理の討議」が立てる問いは、「実践的討議の中で討議‐道徳原理の相の下で正統化される道徳的規範に従うことは、他者および自分自身に対する基本的な義務の観点からして、また現在のところ変化しない生および行為の条件の下では、要求可能ないし責任負担可能なのであろうか」と定式化される。そしてこの問いは、障害新生児の安楽死問題のレヴェルで次のように具体化される。「道徳原理の直接的かつ厳密な適用が、当事者にとって要求不可能であり、代理行為者の責任と結びつくことができず、それゆえ論議による合意が不可能であるがゆえに、例えば重度障害新生児の場合、道徳原理の適用は制約されるべきだ、ということになるのだろうか」。それに対する答えは、「重度障害新生児を殺すことを禁じる法規範は、特定の条件の下では責任倫理の点で要求不可能であり、責任を負わせることが不可能と見なされうる。即ち新生児の生が植物的状態として悲惨な生となる場合、その新生児に対して要求不可能であり、そうした悲惨な状態にある子供の生に対して決定を行い、そしてその子供を悲惨な状態で育てていかねばならない両親に対して責任を負わせることは不可能であり、そうした悲惨な子供とつねに共同生活を送り家族生活を耐え抜かねばならない限り、両親に対しても要求不可能である[14]」。

★障害新生児問題と〈社会〉

討議倫理学は、障害新生児の処置をめぐる問題、とりわけ意思決定の問題にとって、〈社会〉を副次的・外在的な要素としてではなく、本質的な位置を占めるものと見なす。

まず、ベーラー／マタイスが功利主義的なモノローグ・モデルに対置するのは、「各分野を横断する(interdisziplinär)公共的な協議のモデル」であり、そこでは、「様々な側面から、相異なる障害の運命を背負った(人の)諸経験が議論される」。その前提にあるのは、コミュニケーション的な相互主観的妥当性と〈理性の複数性〉という視角——「超越論的語用論は、理性を主張する様々な立場や人間の複数への関係において、そしてまた、同等の権利を持つ者たちの自由なコミュニケーションという対話論的な空間への関係において理性を理解する」——である。その際、〈理性の複数性〉を形づくるもののうち最も重要なのが、障害と共に現に生活を営んでいる人々の視座であり、それが

「具体的な規範提案」の正当化／批判を行なう「実践的討議」のうちに原理的に組み込まれることにより、当の規範提案の正統性が保証されるのである。[15]

　また、道徳的判断がそれ自体で完結したものではなく、帰結への責任という水準も本質的な構成要素と見なす討議倫理学は、法的レヴェルでの判断やその根拠にも考慮を払う。そして、重度障害新生児を持つことになった両親の決定やその責任の過度の負担を軽減する必要がある、そして安楽死が施行されるとしてもそれが客観性・厳格性を保証されたものでなければならないという立場から、次のような見解を示す。この問題に関する法規制は、「無条件に義務づける原理」としての「人間の尊厳原則」の優先という普遍的な「憲法規範」に従うレヴェル――「憲法に適合して正統化されるべき法的な安楽死規制にとっての、狭い許容範囲のみを認める」――と、具体的な状況の中で行なわれる「法形式の手続き」のレヴェル――「非自発的な安楽死を極端な例外事例として限界づける」＝「改訂可能な法律上の規制」――という「二段階性」を持つ。[16] つまり、障害新生児の安楽死という人間の生の極限的事例の場合、一方で原則として例外を許さない基本ルール（＝普遍的な規範）を堅持しつつも、実際の法の手続きでは、特殊的な状況判断に基づく例外的措置の可能性を認める、というわけである。

　さらに、「社会が障害の問題に対してどのような姿勢をとっているか」を重視するベーラー／マタイスは、障害新生児の社会による受け入れの可能性も検討課題に加える。両親への養育義務の要求が不可能な場合もあるという観点から、人間の尊厳原則に従う福祉政策の一環として「国家の養育義務」とそれを補う「キリスト教的な愛の奉仕」＝「教会の愛の救済活動」の意義が強調される[17]。

★まとめ

以上の検討を経た上で、討議倫理学のスタンスは次のように定式化される。

討議倫理学は、その二重に構造化された道徳原理――普遍化原則と統整的‐目的論的な普遍化原則――に基づいて、また原理的‐倫理的な正当化（A）を倫理的な実践の定位（B）から区別することに基づいて、重度障害新生児を殺すことを、本来道徳的に正統化されえないものと見なす（A）。もちろん討議倫理学は、責任倫理の立場（B）からは、悩める良心の救助策としてこれを容認する[18]。

ベーラー自身認めるように、この結論から討議倫理学とシンガーとの間には「一方では原理的レヴェルでの差異が、他方状況判断においてはある種の一致が見られる[19]」と言うことができる。たしかに、重度障害新生児の中には「死なせることもやむをえない」という判断が避けられない場合があることを認める限り、言い換えると、人間の生命はいかなる状態にあっても救命・治療すべきだという「原理主義的立場」に立たない限り、その判断の幅は程度の違いに過ぎないと言えるかもしれない。それにもかかわらず、どのような原理を中心におき、どのような意思決定プロセスの下で判断を下すのかという問いを優先するという点で、討議倫理学はいずれの立場とも異なっている。生命の価値という問題は、こうした意思決定プロセスに先立って答えが与えられるものではないのである。

5　問題点と批判的検討
――〈実践的討議〉を軸とする討議倫理学のプログラム――

★生命の価値――〈人間の尊厳原則〉から〈社会的ベクトル〉視角へ

これまでの考察を通じて浮かび上がってきたいくつかの問題点を、まず生命の価値に焦点を当てて整理しながら、ベーラー／マタイスの議論の批判的検討を試みる。人格や利害と結びついた功利主義的な線引きを批判する場合に、ベーラー／マタイスが「感覚能力」や「人間という種への帰属」という別の尺度を持ち出している点については、それ自身批判を免れないであろう。そもそも、生命の価値が倫理学的思考によってそれ自体として内在的に確定可能であるという前提こそ問われねばならないのである。シンガー／クーゼだけでなく、障害新生児の安楽死を積極的に認める論者たちも、[20]――その理論的根拠は多少異なるものの――「人格」や「生命の質」といった尺度に基づいて、生きるに値する／値しないという線引きをしている。それらに共通しているのは、生命の価値を支える社会的関係性を背後に押しやり、それ自体で完結したものとして捉える、抽象的孤立化思考である。こうした思考によるモノローグ的なコスト効用分析を批判し、生命の価値を構成する諸概念の社会的・コミュニケーション的な解釈という側面を強調する以上、ベーラー／マタイスは、〈価値〉を常にそのつどの社会的な関係性の中で規定され媒介されたものとして捉えるという方向をさらに徹底すべきではないか。「倫理的規準の哲学的反省」を、生命の価値をめぐる「メタ倫理的な種類の問い」という〝超社会的〟な水準に設定している点に、彼らの不徹底さを指摘せざるをえない。

こうした難点は、〈究極的根拠づけ－責任倫理〉という彼らの討議倫理学のプログラムの構造そのものに由来するものと思われる。たしかに「人間の尊厳原則」といった普遍的な原理のレヴェルでの規範の正当化（相互主観的な根拠づけ）を欠いた場合、〈死なせること〉の規制は、「相対主義や事実的なものの規範的力」や「そのつどの支配的エートスあるいは多数派を占める利害の分節化したもの」に堕した「倫理学」の手で恣意的に線引きされてしまうという指摘[21]は、一定の説得力を持っている。しかしそれは、人間の尊厳原則や人権の概念をそれ自体で無条件の妥当性を持つ（＝究極的に根拠づけられた）ものとしなければならないということを意味するわけではない。むしろ、〈普遍〉としての道徳原理は、常にそのつど可変的な現実との相関性の中でその規範の正当性が検証されるべきものであろう。功利主義的な相対主義も不可謬の究極的根拠づけを要求する絶対主義のいずれも、生命の〈内在的価値〉の自存化と〈普遍〉の抽象化にとどまらざるをえない。

生命の価値に関する〈哲学的反省〉に要求されているのは、第一に、モノローグ的分析によって〈内在的価値〉を抽象的に孤立化する思考には、コミュニケーション的な論議を通じた合意による規範の正当化という討議倫理学の原則を対置すること、第二に、特殊的な具体的状況への適用や帰結への責任の水準から切り離された、究極的根拠づけとしての普遍化原則のレヴェルにこの議論を局限するベーラー／マタイスに対しては、社会的な関係性への眼差しを持ち、しかも普遍と特殊とを共に不可欠の契機とする〈実践的討議〉を軸とする意思決定プロセスの基底的意義を強調すること、この二つの理論戦略である。後者すなわち討議倫理学の批判的展開作業のうちにはさらに二つの課題を措定することができる。一つは、現実の状況の中で働くさまざまな社会的〈力〉とその強度・方向・媒介メカニズムから成る〈社会的ベクトル〉が、生命の価値やその基準・尺度の議論にとってだけでなく、意思決定においても不可欠の構成要因であるという洞察を、〈各分野横断的に〉検証していくこと。もう一つは、人間の尊厳原則といった倫理学的な普遍的道徳規範と特殊的な状況の知（とりわけ臨床的な知見）を突き合わせながら、意思決定プロセスとしての実践的討議のうちで具体的規範の正当化／批判を遂行することである。

最後に、こうした課題に取り組む基本姿勢と方向づけを簡単に述べてみたい。

★意思決定の問題——実践的討議の可能性

さて、〈意思決定〉を構成する問題群として、決定主体（当人・両親ないし家族・医療スタッフ・病院委員会・法廷）の適格性とその根拠、決定プロセス（治療技術のレヴェル評価・臨床的判断と倫理学的判断の関係づけ・手続き・決定主体の優先順位）の在り方、提供すべき／すべきでない情報の分類、責任負担の原則、社会・共同体との関係（社会資源の配分・行政の介入・法律の整備・制度や教育における障害者福祉の状況）、そして〈障害〉をめぐる人々の意識の問題（差別・偏見・優生思想・効率主義・能力主義など）といったものを挙げることができる[22]。これらは同時に、障害新生児の安楽死問題を形づくる〈社会的ベクトル〉の成分でもある。ここではとくに、ワイヤー（Weir, R. F.）による臨床的判断と倫理学的判断の関係をめぐる考察に触れながら、意思決定プロセスとしての実践的討議の可能性を見定めておきたいと思う。

障害新生児の処置は現場（あるいは担当医）によって異なる〝一時しのぎ〟の決断であってはならず、一定の客観性・普遍性を備えた「医学的・倫理学的な裏付け」や「倫理的・法的な根拠」など「原則」に基づくものでなければならない――このように考えるワイヤーは、「臨床場面への応用可能な倫理基準」としての「実行基準」を提示する。それは、「倫理基準」（＝「決断する際の概念的な枠組み」）と「臨床基準」（＝「医学の基本的な態度」すなわち「正確な診断」と「慎重な予後判定」）とを突き合わす中で確立されるものである。この「実行基準」に基づいて展開される意思決定の手続きについての提言は、実践的討議を軸とする討議倫理学のプログラムを構想する上で、貴重な手がかりを与えてくれる[23]。

障害新生児の安楽死の法規制をめぐる議論に関連して、ベーラー／マタイスは次のように述べている。「正統化水準（A）と帰結‐責任水準（B）は交互に前提し合い、……それに応じて、一方の人間の尊厳原則と他方の非自発的安楽死に対する例外規則とは、――討議という相の下で――交互に制限し合う[24]」。ここに示唆されている二元性克服の方向をさらに推し進めること、言い換えると、普遍化原則と歴史的状況への適用および帰結への責任という二つの水準を、共に実践的討議を構成する関係項として位置づけることがこのアプローチの骨格をなす。その際、個々の場面における意思決定のレヴェルとは区別される、意思決定プロセスそのものについての反省的論議のレヴェルおよびその中で働く普遍的な概念枠組みについての哲学的‐倫理学的検討のレヴェルとして実践的討議は設定される。そこでは、主題を形づくる〈社会的ベクトル〉への眼差しを保持しつつ、無条件の義務づけを要求する原則（＝普遍）と具体的な状況についての臨床的知見（＝特殊）との対質が遂行されるのである。[25]

（1）重度障害新生児の安楽死容認を主張するシンガーに対する、一九八九年の「生物工学・倫理学・精神障害」と題したシンポジウム（マールブルク）への招待取り消し（シンポジウム開催中止）や「重度障害新生児は生きる権利を持つか?」という題目の講演（ドルトムント大学）中止、その著作『実践の倫理』をテキストとする講義（デュイスブルク大学）に対する組織的妨害、一九九一年開催予定の「応用倫理学」をテーマとした国際ヴィトゲンシュタイン会議（オーストリア）への招待取り下げ要求（会議の中止）や同年に行なわれた「動物の権利」に関する講演（チューリッヒ大学）の妨害、――これらドイツ語圏における障害者団体を中心とする一連の抗議運動やそれに伴うさまざまな論争が「シンガー事件」と呼ばれる。cf.［Singer 1990, 1991, 1992］［土屋 1993, 1994a, 1994b］［市野川 1992］［河村 1996］

（2）アーペルの構想する討議倫理学については拙論［霜田 1994］を参照されたい。

（3）［Böhler 1991 : 726, 728, 732, 743, 1992 : 203f.］［Böhler/Matheis 1991b : 427］

（4）［Böhler 1991 : 730-2, 1992 : 205, 209］

（5）［Böhler 1991 : 733-5, 1992 : 210f.］

（6）［Böhler 1991 : 729, 737, 1992 : 204, 216, 223］。〈究極的根拠づけ－責任倫理〉を軸とするアーペルやベーラーの討議倫理学とは異なったスタンスをとるハーバーマスに対しては、次のような批判が加えられる。「ハーバーマスは、責任の水準を、理想化する正統化水準と混同している。彼は明らかに、前者を後者に還元可能と考えており、普遍化原理を道徳的規範の適用の帰結に対する責任にまで拡張しようと提案している。」［Böhler 1992 : 222 Anm. 13, vgl. 1991 : 736f. Anm.5］

（7）［Böhler 1991 : 738］

（8）以下の論述は、『倫理学と社会科学』（*Ethik und Sozialwissenschaften* 2（1991）Heft3）誌の中で展開された「論争」――ベーラー／マタイスの「基調論文」［Böhler/Matheis 1991a］とそれに対するシンガー／クーゼの反論［Singer/Kuhse 1991］を含む二〇の「批判」論文、そしてベーラー／マタイスによる「返答」論文［Böhler/Matheis 1991b］から成る――を中心にまとめたものである。

（9）cf.［Singer 1979 : chap. 4］［土屋 1993, 1994b］

（10）［Böhler 1991 : 739 Anm. 9, 742f., 1992 : 226 Anm. 17, 229f.］［Böhler/Matheis 1991a : 368, 369 Anm. 39, 370］［Matheis 1992 : 241, 248 Anm. 20, 249-51］

（11）［Böhler/Matheis 1991a : 366, 369f.］［Matheis 1992 : 239f.］。「シンガー事件」に直接言及してはいないが、ベーラー／マタイスが障害者団体による抗議運動に一定の理解を示していることは明らかであろう。もちろん、実力行使による議論の封殺というやり方に対しては、〈開かれた論議〉を重要視する討議倫理学の立場として容認することはないと思われる。しかしそれは、「学問の自由」一般を擁護するということではなく、いかなる言説についても歴史的・社会的な文脈の中で捉えつつ、あらゆる角度から問題点を明るみに出しながら正当化と批判の共同作業を続けていくことが必要であるという姿勢によると見なすことができるであろう。

（12）以上については、［Singer/Kuhse 1991：413f.］参照。

（13）［Böhler 1991：736, 738, 1992：227］［Böhler/Matheis 1991b：423］。討議に参加できない者の利害や主張は排除されてしまうのではないかという、討議倫理学にしばしば浴びせられる非難——シンガー／クーゼにも見られる［Singer/Kuhse 1991：411］——に対しては、次のような反論が可能であろう。そもそも動機・行為・帰結についての倫理学的な概念・規準・判断が理性能力による吟味を前提している以上、その能力を備えていない存在者をどのように処遇するのが正当／不当か、という道徳的問いは、それについての意思決定の在り方への問いというかたちをとらざるをえない。討議倫理学はこれを、規範の正当化の問題、すなわちコミュニケーション的に把握された理性と論議による合意形成および実践的討議の問題として捉えるアプローチなのである。

（14）［Böhler 1991：738ff., 1992：226, 228］［Böhler/Matheis 1991a：370f.］

（15）［Böhler 1991：734］［Böhler/Matheis 1991a：370f.］［Matheis 1992：239f., 251］

（16）［Böhler 1991：741］［Böhler/Matheis 1991b：426］

（17）［Böhler 1991：741, 1992：228f.］［Böhler/Matheis 1991a：366］

（18）［Böhler 1992：230, 1991：742］

（19）［Böhler 1992：229］vgl.［Böhler 1991：741］

（20）cf.［Tooley 1972］［Rachels 1986：訳第四章］［Brandt 1978］

（21）［Böhler 1991 : 739f.］
（22）これらの論点のうち、意思決定の手続きに関連する問題については、［坂田・仁志田 1995］［仁志田 1991］［Weir 1984］を、優生思想（優生学）については［天笠 1994］［米本 1989］を、能力主義の問題をめぐっては［立岩 1997：第七・八章］を参照。また、社会・共同体との関係や人々の意識との関連で障害新生児の安楽死問題を見ていく上で重要な文献として、［斎藤 1985］［土屋 1995a］を挙げておく。
（23）以上については、［Weir 1984：訳第七章・第九章］を参照。
（24）［Böhler/Matheis 1991b : 426］
（25）〈死なせる〉方法についての問題、すなわち「死ぬにまかせる」（＝消極的安楽死）と「殺す」（＝積極的安楽死）の関係への倫理学的および法的な問いも、――「滑り坂理論」の批判的検討も含めて――こうした観点から主題的に論じる必要があると思われる。

II　環境倫理学の転換

3 われわれの応用倫理学の源泉としての〈水俣病事件〉

●丸山徳次

1　応用倫理学が目指すもの

実践的倫理学（practical ethics）と呼ばれることもある応用倫理学（applied ethics）は、一九七〇年前後にアメリカ合衆国で活況を呈し始めた哲学的努力である。それは、いわば一九六〇年代後半という原風景を、背景としている。冷戦の状況下での核の危機、ヴェトナム戦争の泥沼化と反戦運動、公害・環境破壊の激化と環境保護運動の胎動、公民権運動の高まり、科学研究・科学教育の意味の問い直しと大学闘争。そうした状況下でのアメリカの哲学者たちのありようは、たとえばトーマス・ネーゲルが彼の一九七九年の論文集 *Mortal Questions* の序文で、ヴェトナム戦争を念頭に置きつつ語っている次の言葉からも、うかがうことができる。

いくつかの論文は、合衆国があの犯罪的に遂行されたばかげた戦争に従事している期間に、執筆された。この事実のために、私は自分の理論的な探究にむなしさを感じざるをえない状態におかれた。同胞意識というものは、愛国的な感情の弱い者にとってさえ、驚くほど強いきずなとなる。われわれは毎日、怒りと恐れをもって新聞を読んだ。そしてそれは、他国の犯罪について読むときとは違っていた。そのような感情によって、一九六〇年代の後半には、社会的・政治的問題に関して哲学者による本格的な専門研究がなされるようになったのである。［Nagel 1979 : xii-viii］

さらに、アカデミズム内部での哲学の状況としては、言語分析のみをこととするムーア以来のメタ倫理学に対する不満の爆発と、それに伴った功利主義倫理学の復権という事態が考慮されねばならないだろう。これについては、日本においても、清水幾太郎がムーアの直覚説倫理学の批判をもって開始する『倫理学ノート』を『思想』誌上（一九六八年一一月号 - 一九七二年四月号）に連載し、たとえば「ロンドンの第三空港の用地決定」といった現実の問題をこそ社会研究の焦眉の課題と捉えるハロッドに好意を寄せ、ムーアによって否定された功利主義がハロッドにおいて「新しい時代の功利主義」として復活することを歓迎したのも、まさに同じ時代であったことを指摘しておきたい。自然主義的誤謬というスローガンによって現実の「野生的な問題」に目を閉ざすムーア以後の倫理学と、価値中立性をもって唯一の科学性とすることによって同じような無能ぶりをさらけ出している社会科学とに対する不満が、清水の『倫理学ノート』の土台をなしていたのである。しかしながら、清水の叙述は結果的には応用倫理学復活の背景といったものを描写してみせたのだと、今にして言えはするのだが、清水自身は、倫理学の立場から現実の問題に立ち向かいはしなかったし、応用倫理学の新たな構築を夢想することもなかった。これを、実に残念だったと評価するか、それとも、さもありなんと評価するかは、十分検討に値する問題であり、いずれきちんと考えてみなければならないだろう(1)。われわれ自身が、あの同じ時代に、どうして応用倫理学の構築ということを考えることがなかったのかを、十分反省しておくことは必要なことだと思うからである。

さて一般に、応用倫理学の三大部門として、生命倫理学（bioethics/biomedical ethics）、環境倫理学（environmental ethics）、ビジネス・エシックス（business ethics）が挙げられるが、あの時代、アメリカ合衆国において応用倫理学が時代の要請に応えようとした〈問題群〉は、第一に〈政治〉、第二に〈自然と人間〉の関係、第三に〈科学技術の進歩〉といったものに、関わっていた。〈政治〉の問題群は、応用倫理学の古典的テーマと言えるが、六〇年代アメリカ合衆国においては、とくに公民権運動が政治的・倫理的な反省を促す重要な契機であった。公民権の道徳的基礎が問われたばかりではなくて、新しい公民権法の導入によって生じてきた問題、つまり「結果の平等」の実現のためにアファーマティヴ・アクション（積極的差別是正措置）は道徳的に許容されうるのか、道徳的に命じられるべきものであるのか、ということが問われた。

第二の問題群は、〈自然と人間〉の関係であるが、これはもちろん、環境汚染・環境破壊の激化した六〇年代から、七〇年代初頭のオイル・ショックやローマ・クラブのレポート『成長の限界』（一九七二年）を通して、〈自然〉の概念が倫理的議論のなかにドラマチックに登場してきたことを意味する。すなわち環境倫理学ないし生態学的倫理学（ecological ethics）の登場である。人間の行為が、地球規模でのエコロジカルな危機をもたらしたということは、もちろん、科学技術の進展の一つの帰結である。

応用倫理学において極めて重要な役割を演じている第三の問題群は、〈科学技術の進歩〉という問題群である。科学技術の進歩によって、道徳上の新しい問題が起こってくるし、古い問題も新たな次元に導かれる。核戦争による人類の自滅の可能性という事態は、その最も劇的な事例であって、「正義の戦争」という古典的な難問は全く新しい次元で立てられることになる。そこで一九八〇年代には、核保有政治に対する哲学的反省が盛んに行なわれた。さらには、原子力発電に代表される核エネルギーの平和利用の問題があるし、生殖技術・バイオテクノロジー・延命技術・移植医療といった医学生物学の新展開と技術は多くの倫理問題を生み出してきたし、ヒトゲノム計画に見られるように、今も生み出している。

以上の問題群には、共通する二つの特徴がある。第一に、これらにおいては、「生命」ないし「生存」ということ自身によって立てられる極めてリアルな問題が問題となっている。この点、古典的な道徳哲学が、理論の例解のために仮説的事例を挙げるのとは、大いに異なっている。第二に、三つの問題群は、単なる決疑論的な事例と解することはできない。つまり、特殊な状況のなかでの個人的な行為としては捉えられないのであって、むしろ一般的な行為の仕方やオプションが問題になっている。すなわち、政治的・制度的な公的行為の仕方やオプションが問題になっているのだ。たとえば人工妊娠中絶の問題の場合でも、特定の生活状況のなかの特定の女性の問題として考えられているのではなくて、われわれの社会のなかで中絶は正当な行為のオプションとして許されるのか、ということが問題になっている。アリストテレス的プロネーシスや中世の決疑論がもっぱら個別的行為の事例に関わるのに対して、応用倫理学は通常、公的な制度や政治的な行為のオプションを扱うのである。

このように見ると、応用倫理学を「問題に方向づけられた道徳哲学（problemorientierte Moral-philosophie）」として捉えるクルト・バイヤーツの捉え方が、大いに有効であると思われる［Bayertz 1991］。つまり、応用倫理学とは、既存の原理原則を個別の行為事例に応用［適用］し、個別事例を既定の一般的規範の光によって判定する決疑論ではなく、むしろ具体的な問題に関わることによって、行為の全クラスの評価を顧慮しつつ一般的規範の内容をさらに書き加えてゆく、その意味で「規範形成的応用（normbildende Anwendung）」を行なうものである。そしてこの場合、「問題」とは理論の例解のための仮説的事例ではなくて、理論的関心を度外視しても重大である現代社会の公的問題である。こうした問題の道徳上の側面を分析し、その解決のために道徳哲学の概念および理論装置を豊かにすること、これが応用倫理学の目標である。

2 問題群としての〈水俣病〉

「公害の原点」と呼ばれる水俣病は、戦後の日本の社会と思想を考える上で、避けて通れぬ事件である。しかし、われわれは水俣病を典型的な「公害」として理解し、その後の日本と世界の状況が、「公害問題から環境問題へ」と大きく推移していくなかで、「公害」事件としての水俣病も、次第に記憶の底に沈められていくように感じてはいないだろうか。しかしながら、そもそも「公害問題から環境問題へ」という把握の仕方については、十分慎重でなければならない。

たとえば、岡島成行は『アメリカの環境保護運動』（一九九〇年）の中で、次のように述べている。

ヘンリー・ディビッド・ソローからジョン・ミューア、アルド・レオポルドを経て確立してきたアメリカの自然保護思想は、レイチェル・カーソンらによって、もうひとつ広い範囲の環境保護運動という形に脱皮した。そしてさらに、九〇年代になって、新たな世界の枠組みを模索しはじめるようになった。もはや環境問題といった範囲にとどまらず、環境保護団体からは、文明論をはじめ政治、経済、社会の各分野に向かって、大胆な発言がなされるようになるだろう。［岡島 1990 : 195f.］

つまり、岡島の理解によれば、アメリカではソロー、ミューア以来の自然保護思想が、一九六〇年代の「環境保護運動」へと「脱皮」してゆき、そこで形成された市民運動とそのグループが、今や、もっと広い視野と運動を展開し始めている、ということだ。「公害問題から環境問題へ」という日本での捉え方とは、明らかに異なった文脈がそこにはある。岡島は、次のようにも言っている。

日本にも、明治以来、自然と人間の関係については、かなり議論があったが、六〇年代から七〇年代にかけては、公害対策に全力投球をせざるを得なかったため、実のある議論はあまり行われず、アメリカに大きく立ち遅れることになった。が、反面、公害対策については世界に類を見ないほどの成果をあげた。特に四大公害裁判の判決などの法的措置や行政による強力な指導、公害対策の科学的技術などについてはアメリカにはない発展があった。〔岡島 1990：158f.〕

岡島によれば、一九六二年のレイチェル・カーソンの『沈黙の春』の影響力が、やがて一九七〇年の第一回アース・デイにつながっていく。そして、「アース・デイ、国連人間環境会議を経て、アメリカの環境保護運動はひとつの頂点に達した。環境保護団体の強い要請で、一九七〇年には大気清浄法の改正案が議会を通り、七二年には水質公害法が二億五千万ドルの予算付で成立した。環境保護団体はこのころから、自然保護だけでなく反公害、反原発などの運動にも積極的に乗り出していった」〔岡島 1990：151〕。

日本の場合と大きく違うのは、アメリカにおいては自然保護の思想が、すでに自然保護の市民運動の組織化として実践化されていた伝統があり、それが反公害や反原発といった思想と運動へとつながっていった、という点である。日本の公害対策についての岡島の評価については、東南アジアへのいわゆる「公害輸出」の実態を完全に無視する点を除いてもいささか疑問を持つし、(2) また、岡島の言及している「国連人間環境会議」とは、一九七二年ストックホルムで開かれた第一回国連国際環境会議のことだが、このとき同時に開催されたNGOの国際会議には、日本から宇井純、原田正純と共に二名の水俣病患者が出席して、世界に強いアピールを残したことを指摘しておきたい。ともあれ、環境保護運動が「金持ちの遊び」から「一般市民の真剣な運動」に変化していった［岡島 1990：155］という背景には、「スリーマイル島事件」や「ラブ・カナル事件」といった〈公害事件〉があったことを、岡島自身指摘してもいるのである［岡島 1990：154］。そうだとすると、日本の六〇年代・七〇年代の評価として、「実のある議論はあまり行われ」なかったと一括し、その原因として、「公害対策に全力投球をせざるを得なかったため」、というのはいったいどういう意味か。岡島は結局、たとえば水俣病事件というような、みずからの社会の中での一つの具体的な公害事件を徹底的に考え抜こうという姿勢を持っていない。そして岡島のこの態度は、実は市民社会の未成熟な日本に生きる多くの日本人の態度でもあり、それこそが「実のある議論」を導き出せない真の原因ではないか。そして、そもそも「公害対策に全力投球をせざるを得なかった」のがわれわれの現実ならば、そのような社会構造と社会関係について検討することこそが、われわれにとって「実のある議論」なのではないか。

日本の特徴は、公害問題と環境問題・自然保護問題とが切断されてしまっていることだ。自分の身の回りから思考し実践するということが、グローバルな状況にも直結している、というのがとりわけ環境問題に特徴的なことであって、「公害問題から環境問題へ」という歴史的な捉え方は、問題の核心を見失う危険性を持っているし、現にある公害とその派生形態（「公害輸出」を含めて）の存在を隠蔽するイデオロギー的作用を持っているだろう。それゆえ、日本において構築されるべき環境倫理学は、少なくともそうしたイデオロギーに荷担することのないものでなければならない。そして積極的には、「公害」概念を再検討し、とくに「公害の原点」水俣病について、われわれの環境問題の教訓とすべき事例として、それを批判する的確な視座を獲得しなければならないだろう。

また、水俣病を「公害」問題の典型として規定し、環境倫理学の関わりうる事例としてのみ捉えることは、問題をあまりにも一面化しすぎる。水俣病（熊本水俣病）の原因企業としてのチッソ株式会社は、一九〇八（明治四一）年「日本窒素肥料株式会社」という社名で水俣の地に創設され、明治期におけるカーバイドからの石灰窒素の生産、そこからアンモニア生産への展開と硫化鉱からの硫酸生成とによる硫安生産の大正期、そしてさらに一九三二（昭和七）年のアセトアルデヒド生産開始、昭和一六年の日本で初めての塩化ビニール生産へと発展した。朝鮮半島の植民地支配下、昭和二年には朝鮮窒素肥料株式会社を設立し、やがては「日窒コンツェルン」として昭和の大財閥となった[3]。そして、戦後の水俣工場は、朝鮮半島からの引き上げ技術者たちの再起の夢に駆られていたのであって、一九五〇（昭和二五）年、戦後復興を賭けて「新日本窒素肥料株式会社」と改名したこの企業にとって、戦後のヒット商品だったのが、塩化ビニールの可塑剤原料オクタノールだったが、このオクタノールの原材料であるアセトアルデヒド生産が、やがて水俣病につながったのである。戦後一貫して電気化学にこだわり続けたこの企業は、昭和三七年、千葉県五井に石油化学の工場を建設し、遅まきながらも石油化学への転換を開始した。三井、三菱などに比べていわば遅れてきた財閥だったのが、戦後、石油コンビナートへの参画を遅らせる遠因にもなっている。しかし、もはや窒素肥料の生産が主体ではなくなっていたこの企業は、なおも電気化学と窒素への誇りをもって、昭和四〇年、「チッソ株式会社」と、再び社名変更したのである。やがて一九六八（昭和四三）年五月、水俣工場ではアセトアルデヒドの製造が停止され、電気化学の時代が終わりを告げる。石油化学への転換を待ったかのように、日本国政府が、水俣病をチッソ株式会社のアセトアルデヒド酢酸設備内で生成されるメチル水銀化合物による公害病と認めたのは、その同じ年の九月二六日であり、水俣病のいわゆる「公式発見」の一九五六（昭和三一）年五月から、実に一二年の年月が経過してからであった。（以下、チッソ株式会社を社名変更以前も含めて簡単に「チッソ」と呼ぶ。）

水俣病はいくつかの学際的研究を呼び起こし[4]、多数の（?）個別研究を生み出してきたばかりか、いくつもの個性ある表現世界をも生み出してきた。その最大のものは、もちろん、石牟礼道子の文学世界であるが、さらには、桑原史成やユージン・スミス、アイリーン・スミスの写真、土本典昭の映画といった映像世界がある。これらの表現世界も、独自の方法と視点から水俣病を問いかけてきた。ことに石牟礼道子の文学世界『苦海浄土――わが水俣病』（一九六九年）において表現されている思想性・倫理性は、学問的な問いかけもが一つの里程標として、それに応答すべき内容を含んでいる。

石牟礼道子は、みずからの故郷の病変に直面して、「独占資本のあくなき搾取のひとつの形態といえば、こと足りてしまうかも知れぬが、私の故郷にいまだに立ち迷っている死霊や生霊の言葉を階級の原語と心得ている私は、私のアニミズムとプレアニミズムを調合して、近代への呪術師とならねばならぬ」［石牟礼 1972：65］と決意し、こう主張する。「水俣病事件もイタイイタイ病も、谷中村滅亡後の七十年を深い潜在期間として現われるのである。新潟水俣病も含めて、これら産業公害が辺境の村落を頂点として発生したことは、わが資本主義近代産業が、体質的に下層階級侮蔑と共同体破壊を深化させてきたことをさし示す。その集約的表現である水俣病の症状をわれわれは直視しなければならない。人びとのいのちが成仏すべくもない値段をつけられていることを考えねばならない」［石牟礼 1972：274］と。

石牟礼の言う「下層階級侮蔑」は、中央と地方の関係、労資の関係、朝鮮半島での植民地支配の構造、地方都市の中の「企業城下町」（「チッソ城下町」）の構造、企業内の労働災害多発の構造、会社員と漁民の関係等々、多様な側面においてチッソに認められる体質であり、そしてまた、チッソに典型的に体現されている明治以来の殖産興業・富国強兵、戦後の高度経済成長の体質である。たとえば、企業の社会的責任の問題の解明を主要課題とするビジネス・エシックス（企業倫理学・企業活動倫理学）も、日本においての最も重要な事例としてチッソを研究対象にしなければならないだろう。アメリカ合衆国にあっては、ビジネス・エシックスは大学教育で重要視されつつあるが、「チッソ城下町」

水俣のみならず、「企業城下町」を今も各地に抱えるばかりか、社会構造上、全土が企業城下町的な「会社社会」日本にとって、企業と企業人の社会的責任を研究・教育することは、極めて重要なはずである。

さらに、「共同体破壊」の意味を問うことは、石牟礼道子の最も重要な問いかけである。その問いかけを石牟礼自身の別の言葉で言い換えれば、「水俣病は文明と、人間の原存在の意味への問いである」［石牟礼 1972：213］と言ってもよい。科学的医学的な人間規定のように、そしてまたアメリカ型の生命倫理学のパーソン論のように、人格を能力と機能とによって実体的に規定することによって、人間の関係性をずたずたに引き裂いてしまうわれわれ現代の人間観――この人間観に批判を向けることができるのは、「アニミズムとプレアニミズムを調合」することによってでしかないのかどうか、をわれわれ自身が問わねばならないだろう(5)。石牟礼道子自身は、少なくともその「調合」によって、根底的に問いかけることに、成功している。

杉原彦次の次女ゆり。41号患者。
むざんにうつくしく生まれついた少女のことを、ジャーナリズムはかつて〝ミルクのみ人形〟と名づけた。現代医学は、彼女の緩慢な死、あるいはその生のさまを、規定しかねて、「植物的な生き方」ともいう。
黒くてながいまつ毛。切れの長いまなじりは昼の光線のただなかで茫漠たる不審にむけてみひらき、その頭蓋の底の大脳皮質や小脳顆粒細胞の〝荒廃〟やあるいは〝脱落〟や〝消失〟に耐えている。メチル水銀化合物アルキール水銀基の侵蝕に。［石牟礼 1972：224］

「ゆりはもうぬけがらじゃと、魂はもう残っとらん人間じゃと、新聞記者さんの書いとらすげな。大学の先生の診立《みた》てじゃろかいなあ。

そんならとうちゃん、ゆりが吐きよる息は何の息じゃろか――。草の吐きよる息じゃろか。

うちは不思議で、ようくゆりば嗅いでみる。やっぱりゆりの匂いのするもね。ゆりの汗じゃの、息の匂いのするもね。体だばきれいに拭いてやったときには、赤子のときとはまた違う、肌のふくいくしたよか匂いのするもね。娘のこの匂いじゃとうちは思うがな。思うて悪かろか……。

ゆりが魂の無かはずはなか。そげんした話はきいたこともなか。木や草と同じになって生きとるならば、その木や草にあるほどの魂ならば、ゆりにも宿っておりそうなもんじゃ、なあとうちゃん」

「いうな、さと」

「いうみゃいうみゃ。――魂のなかごつなった子なれば、ゆりはなんしに、この世に生まれてきた子じゃいよ」［石牟礼 1972：229］

杉原夫婦は、自分たちの娘「ゆり」への確かな関わりを、科学的医学的人間規定によって揺さぶられるのに、じっと耐えている。この関わりを、いったい誰がいかなる権限と権威によって否定することができるというのか。関わりの実存が、人間の本質規定に先行しているのであって、その逆ではない。

水俣病が破壊したものとは、肉体の健康——いったい誰がいかなる権限と権威によって「健康」を定義しているのか——ばかりではなくて、共同体および人間の関係性である。それまで存在してきた理想的な村落共同体を破壊した、と言うのではない。むしろ伝統的な共同体意識は、漁民に対する伝統的な差別意識と相乗的に、水俣病を隠蔽し、水俣病患者を抑圧する効果を発揮しさえした。しかし、根本的な意味で破壊されたのは、個と個とが関わり合えることへの信頼そのものだった。水俣病を通して見えてくることは、日本の近代化と戦後の高度経済成長政策を担ってきた主体性が、他者と自然を限りなく客体化し、支配し、抑圧する暴力的主体性であり、コミュニケーションへのみずからの希求の通路を見失ってしまった罪障の主体性である、ということだ。

3　水俣病問題の論究枠

「水俣病を学ぶと、水俣を映して政治なり、社会なり、己の学問なり、生きざまなりがみえてくる。水俣病はたんなる一地方の風土病的地方病にとどまらず、そこには普遍的な諸問題や諸法則が含まれている」[原田 1989：3]。こう語ってみずからの狭い専門領域（神経精神科）を越境しつつ、独自の

〈水俣学〉を構築してきたのは、原田正純である。原田の言うとおり、水俣病には「普遍的な諸問題や諸法則」が含まれている。それゆえにこそ、哲学・倫理学の考察の対象にもなる。しかしながら、そこに普遍性を見いだすためには、まずもって徹底的にその特殊性・個別性に沈潜しなければならない。問題を一般化することを急げば、問題の本質そのものを見失う危険性も生じるだろう。しかも「水俣病の前に水俣病はない」と言われるように、不知火海という環境の複合的汚染を通じての中毒性公害病としての水俣病（熊本水俣病）は、それまでに前例のない特殊な現象の集積であり、その意味で一回起的であり、歴史的である。患者の病状も他の疾患との区別のつきにくい非特異的なものでありながら、個性的であり、時間（年齢）の経過とともに変異する。それゆえ〈水俣病〉という現象は、本質的に〈歴史的〉〈個性的〉である。水俣病の複雑さは、その社会現象としての複雑さを含めて、結局はそれが本質的に単純な一般化を許さない、ということに由来するだろう。水俣病の研究には、自然科学の立場からのものであっても、歴史学的なアプローチが不可避である所以である。

しかし、水俣病問題を「問題」として論究するいくつかの枠組みがあったし、今も残っている。その議論の枠組みは、多くは法律家たちによって設定されてきた法律論上の枠組みだが、私はそれらにさらに、これまでの学際的研究が検討してきたテーマをいくつか付加することによって、全体を哲学的・倫理学的な論究の枠組みとして考えてゆきたいと思っている。ここではそれらの論究枠組みを、①原因論（因果関係論）、②責任論、③病像論、④損害論（救済論）、⑤科学者・専門家批判論、⑥チッソ企業論（水俣市発展史・漁民論）として六つ仮説的に設定し、まずごく簡単に概略を述べ、具体的には原因論についてのみ、多少詳論して、他は今後の課題としたい。

②の責任論においては、もちろん、私企業としてのチッソの責任とは何かが問題であるが、「法人」としての企業体の責任を、具体的にはどのように追及しうるのか、という問題がある。（集団責任および団体責任の問題は、応用倫理学の一つの根本問題である。）[6] 四大公害裁判中、唯一の刑事事件ともなった水俣病事件では、当時の社長と工場長が刑事判決を下されたわけである。しかしまた水俣病事件では、国家責任、政府責任の問題が、一九九六年の政治的解決（村山政権下での）以後も、原則的にはなおも残っている。この問題は、「汚染者負担の原則」（ＰＰＰ）とも関連して、当然、④の損害論（救済論）と関係している。

③の病像論は、それ自身が救済論であるとの解釈もあろう。なぜならば、ながく水俣病問題はいわゆる「未認定患者」救済の問題として捉えられてきたが、その最大の原因は、水俣病認定の規準とされた水俣病病像が、激症型や典型例に見られるハンター＝ラッセル症候群に狭く限定されてしまったことにあるのであり、不全型や非特異性疾患をも疫学的根拠によって水俣病と認定できるように病像を再定義し、それによって未認定患者を認定するならば、「ニセ患者」との汚名から患者を救済するばかりか、社会的認知による患者の心理的な救済効果も大きいからである。[7]（残念ながら、一九九六年の政治的解決は、病像のこうした再定義をもたらすものではなかった。）また、胎児性水俣病の問題は、極めて大きな問題である。刑事裁判のなかで、胎児についての業務上過失致死罪・傷害罪が最高裁で裁定（一九八八年）されたが、これについては刑法学者たちのあいだで多くの議論がある。し

かし、これは刑法解釈の問題にとどまらず、生命倫理学のパーソン論との関係においても十分に検討されねばならないだろう(8)。

病像論の問題は、⑤の科学者・専門家批判論に関わってくる。病像の限定化は、医学者の自己批判をも生み出した。しかし、さらに水俣病の原因追及の歴史においては、その追及を攪乱させた何人かの科学者の犯罪的行為があったことを、忘れることができない。また、チッソ内部の技術者たちのありよう、それから水俣病報道に関わったマスメディアのありよう（たとえば、この面でも中央と地方との格差が大きかった）も検討されねばならない。

⑥のチッソ企業論については、すでにいくらか示唆したチッソの全歴史のなかに現れている企業体質の問題があるが、これはまた水俣市の発展史と、疎外されていった漁民のありようの問題の解明を必然的に伴うだろう。

④の救済論については、法的ないし政治的救済の問題だけに終わることはない。川本輝夫に代表されるいわゆる自主交渉派の人々や、さらには認定申請取り下げを行なった緒方正人の思想には、国家権力による救済を拒絶する論理が含まれている。彼らにとっては、コミュニケーションこそが救済である、と抽象的に一応言ってもよいが、その内実が何であるかはむずかしい問題である。いずれにせよ、システムを問えない倫理学は無力だが、しかし、システムを問う倫理学というシステムが、結局はシステムの中にだけ定住するのだとしたら、緒方らの問いかけには応えられないことになろう(9)。倫理学の自己批判が問われねばならないのかもしれない。

以上の概略を念頭に置きながら、①の原因論（因果関係論）についてのみ、いくらか詳論しておくことにする。

4 水俣病の原因論(因果関係論)

異変が生じれば、人はその原因が何であるかを知ろうと欲する。公害病も、発生とともにその原因が究明され、原因が明らかにされることによって初めて「公害」病として認定される。

一九五六（昭和三一）年五月一日、チッソ付属病院長細川一博士は、「原因不明の中枢神経疾患が発生している」と水俣保健所に届け出た。これが水俣病のいわゆる「公式発見」の日とされている。運動障害、言語障害を主な症状とする患者が、次々と四人入院してきたのである。同月下旬には「水俣奇病対策委員会」が発足し、調査の結果、三〇名の患者が確認された。

しかし注目すべきは、すでに環境の異変が漁民たちによって知られていた、ということである。一九四九年頃から水俣湾内での漁獲高は激減し、やがてネコの「おどり病」が発生し、ニワトリ、犬、豚の狂死、カラスの乱舞・墜落が観察されるようになっていた。人間が病を得るまえに、自然界に異常が起こっていたのである。民衆の経験と知が、科学的な知と媒介されることがないままに、当の民衆は「奇病」患者として「対策」を講じられる対象と化した。日本における生態学の未発達（たとえば、食物連鎖による毒性の濃縮という事態も当時は一般には知られていなかった）および縦割り行政的な科学研究の実態も、当然、批判されねばならない(10)。

水俣病の社会的な複雑さは、まず、原因究明の困難さとして現れた(11)。すでに「公式発見」の三か月後、八月二四日には、熊本大学の水俣奇病研究班が、水俣湾産の魚介類に含まれる神経親和性の強い毒物による中毒、と結論づけていた。疑わしいチッソの工場廃水は、工場立ち入り拒絶のまま調査・研究がなされ、そのため種々の重金属が疑われつつも、原因物質の特定は困難をきわめた。この間、熊本県は食品衛生法に基づいた漁獲禁止措置を厚生省に具申したが、一九五七年九月、公衆衛生局長はその必要性を認めない決定を下した(12)。しかし、チッソ自身は、重金属説を否定しながらも、一九五八年九月、アセトアルデヒド酢酸工程廃水の排出先を、それまでの百間排水口から水俣川河口へと変更した。狭い百間港にではなく、直接不知火海に放流することによって、よりいっそうの「稀釈」効果を狙ったものと思われる。しかし、この行為は結果的には人体実験の意味を持った。病気は水俣湾周辺のみならず、芦北地区や天草地域にまで確実に広がったからである。それゆえこの行為は、のちにチッソ社長および工場長の刑事責任追及にあたって、重大な意味を持つことになる。

一九五九（昭和三四）年七月一四日、ついに熊大研究班は原因物質として有機水銀を確定した。しかし、原因究明に対するチッソの非協力は続き、有機水銀がどのような製造工程から発生するのかは、なお明らかにすることができなかった。それゆえ、同年一一月、厚生省食品衛生調査会が「水俣病は水俣湾の魚介類中のある種の有機水銀化合物による」ものと断定して、厚生大臣に答申したにもかかわらず、日本化学工業協会理事大島竹治による「爆薬説」、東京工業大学教授清浦雷作による「アミン中毒説」、東邦大学教授戸木田菊次による「腐敗アミン説」等の異説が相次いで提出されて、事態を混乱させた。

宇井純は、こうした「公害発生→原因究明→反論提出→中和」、つまり最後にはどれが真実なのか事情を知らぬ者にはさっぱりわからなくなってしまう事態にまで至る四つの段階が、「古く足尾銅山の鉱毒事件以来、現在まで数多く繰り返されて来た」［宇井 1968：146］ことを指摘している。背後では、通産省・経済企画庁・厚生省・水産庁といった省庁間の確執が、経済界との力関係を反映しながら継続し、やがては水俣病事件の処理そのものを、一九七一年、環境庁を新設することによってしか可能でないものにしてしまうのである。(13) 水俣病事件の処理と環境庁の設立とが深く関わっていたとするならば、戦後の日本の環境政策は、水俣病問題との関係を抜きにしては理解できないであろう。明治以来の富国強兵策は、戦後の高度経済成長政策へと引き継がれ、一貫して漁業と漁民を切り捨ててきたのである。

熊大研究班は、酢酸工場から採取し保存していたスラッジ（汚泥）を偶然見いだし、これからメチル水銀を抽出することに成功するや、ようやく一九六三（昭和三八）年二月、有機水銀説を確証して発表した。しかしこの間、チッソの工場では、一九五九年一〇月の、細川一付属病院長のネコ実験による熊大仮説の検証が隠蔽され、さらには一九六一年の工場内での有機水銀検出（アセトアルデヒド製造工程での無機水銀の有機水銀化確認）が秘匿された。(14) そうして、一九六三年一〇月頃から阿賀野川下流域に第二水俣病（新潟水俣病）が発生し、一九六六年、昭和電工鹿瀬工場からの排水による有機水銀中毒であることが、新潟大学教授椿忠雄らによって確認された。熊本水俣病に対する行政の対応が早ければ、新潟水俣病は防げた可能性が大きく、その意味で、新潟水俣病に関する政府責任はいっそう大きいと考えられる。政府が熊本・新潟両水俣病をアセトアルデヒド排水中のメチル水銀化合物が原因で発生した公害病と認定したのは、チッソ水俣工場を最後に、全国のアセトアルデヒド工場（七社八工場）が生産を停止するのを見届けた一九六八（昭和四三）年九月二六日であった。

水俣病の社会的な複雑さ（複雑にさせられてしまった複雑さ）は、裁判闘争にも窺うことができる。戦後の巨大公害のうち、最初に発生したにもかかわらず、一九六〇年代のいわゆる四大公害裁判中、水俣病訴訟は、最後の一九六九年六月が第一次訴訟（民事訴訟）である。その後は一九七三年の第二次訴訟、一九八〇年の第三次訴訟、一九八二年の関西訴訟、一九八四年の東京・京都・福岡の各訴訟と多岐にわたり、患者団体も一任派、訴訟派、自主交渉派とさまざまな方向に分裂していった、あるいはむしろ分裂させられていった。[15]（また、自主交渉の過程で生じた「暴力」事件をめぐってのいわゆる川本事件裁判は、検察官の公訴権濫用を理由とする日本最初の公訴棄却判決をもたらした注目すべき裁判であると同時に、「暴力」について深く考えるきっかけを与えてくれる。[16]）

第一次訴訟の判決は、一九七三（昭和四八）年三月、被告チッソの責任を確定して下されるが、判決前の「原告最終準備書面」における法的な因果関係論をはじめとする種々の論証の基盤は、「汚悪水論」と名づけられている。これは哲学的・倫理学的にも極めて興味深い議論である。

「汚悪水とはなにか。それは、化学工場を主例とする大規模企業が、その企業活動から生ぜしめ、かつ外部に排出するところの、動植物や人体に危険をおよぼす可能性をもった廃液のことである。被告チッソ水俣工場の廃液に苦しめられてきた地域住民は、工場廃液を、怒りをこめて「汚悪水」と呼び、被告チッソに対して抗議をする際にも、そう呼んだのである。工場周辺に生活する住民は、工場廃液を、決して清潔無害な流水とはみずに、端的かつ明快に「汚悪水」として把握していた」［法律時報 1973：195］と最終準備書面は言う。

汚悪水論の狙いは、「メカニズム論」の批判・排除である。不法行為を特定し、「責任を明らかにするためには、被告工場の排出した汚悪水中のどの物質がどのような機序を経て被害を発生させたかを明らかにしなければならない」というメカニズム論は、加害企業が挙証責任を被害者に転嫁しながら操業停止を行なわないための便法として用いられることが多かった。しかしながら、「総体としての汚悪水を排出して、他人に被害を与えたことこそが、不法行為にほかならない」のであって、「企業が排出した汚悪水あるいは汚染排気そのものを加害原因として把握する」汚悪水論から見れば、「汚染源は水俣工場であり、汚染物は同工場の汚悪水であるといえば足りる」のである［法律時報 1973：196f.］。

汚悪水論を支えるのは、一九七二年のイタイイタイ病訴訟の控訴審判決（原告勝訴）が行なった「疫学的因果関係」の重視と、一九七一年の新潟水俣病判決（原告全面勝訴）での「間接反証責任論」である。

疫学的因果関係とは、疾病の多発にあたって、集団的な流行の特性を調査することによって解明される因果関係であり、病理学的臨床学的な原因の解明に先だって、集団的発病の因果関係を推断しうる論理構成に基づいている。近代的疫学調査の原型と呼ばれるのは、一八五四年のジョン・スノーによるコレラ流行調査であるが、ロンドンでのコレラ流行に際して綿密に調査したスノーは、その原因が共同利用されている一つの井戸にあることを突き止めた。実は狭義の原因物質としてのコレラ菌がコッホによって発見されるのは、その三〇年後なのだが、スノーの疫学調査による発生源の確定は、それ以上の流行を抑えることに成功したのである。[17] 疾病の治療のためには病理学的臨床学的な原因の解明が必要である。しかし、流行を抑えるためには、ほとんどの場合、疫学的調査で十分である。これとまったく類比的に考えられるのが、公害の原因究明および法的責任の追及である。「法的因果関係があるというためには、加害行為と結果の間につながりがあればよいことはいうまでもない。そして、このためには、被告が排出した物の総体と結果との間に因果関係があれば足り、総体としての排出物の中のいかなる特定物質が原因であるかということまで必要とするのではない」[沢井 1973：3]ということになる。

これにさらに新潟水俣病判決における間接反証責任論が加わる。一般に因果関係の連鎖には、「①被害疾患の特性とその原因（病因）物質、②原因物質が被害者に到達する経路（汚染経路）、③加害企業における原因物質の排出（生成・排出にいたるまでのメカニズム）」の三つの段階があるが、新潟水俣病判決は、これらのいずれも被害者自身が解明することが困難であることを、まず主張している〔沢井 1973：4〕。その上で、「右①、②については、その情況証拠の積み重ねにより、関係諸科学との関連においても矛盾なく説明できれば、法的因果関係の面ではその証明があったものと解すべき」と論じる。そして、そうした立証がなされたとして、「汚染源の追求がいわば企業の門前にまで到達した場合、③〔原因物質の排出〕については、むしろ企業側において、自己の工場が汚染源になり得ない所以を証明しない限り、その存在を事実上推認され、その結果すべての法的因果関係が立証されたものと解すべきである」と結論づけている〔沢井 1973：4〕。

疫学調査と熊大研究班によるネコ実験等（さらに決定的な、細川病院長によるアセトアルデヒド工程廃液の直接投与によるネコ発症検証があったが）によって、「総体としての汚悪水」の原因性と到達経路は立証されるのであり、「企業の門前まで」きたその立証のあとは、むしろ企業みずからが反証できなければ責任を免れ得ぬことを論じたのが、間接反証責任論である。「被告が排出物の無害性の立証に成功するのは、疾病の原因物質をみずから特定し、それが自己の排出物からは検出されず、自己以外の発生源を指摘しうる場合に限ると解すべきであろう」〔沢井 1973：4〕と沢井裕は論じている。

公害問題に関しては、因果性の概念は不可欠であるが、因果性概念に関わった科学主義・要素還元主義が、医学におけるエコロジーとも呼ぶべき疫学によって克服されるべきことが、ここで示唆されていると見るべきだろう。しかしさらに重要なことは、ある特定の問いかけに応じてのみ一定の因果性が発見されるのであって、しかも因果性には、程度問題というべき次元が含まれている点である。

つまり、因果的説明の詳しさの度合や広さの度合は「客観的」なものではなくて、理論的に分節可能な「問題設定の射程」によって規定されている。[18] たとえば生殖に関する因果的説明としては、染色体の生成やさらには分子の生成等が問いかけ可能になるまで、精子と卵子の発見で十分だった。さらに言えば、今日でも、場合によっては男女の性的結合そのもので十分であるように、「問題設定」の枠組みは、実践的な関心に規定されてもいるのである。

「汚悪水」とは、実に象徴的な表現である。汚れた、「悪なる水」！——水俣病と長年関わりを持ってきた原田正純の次の言葉は、因果関係を問いかける「問題設定」それ自身が、倫理的な問題であることを示唆しているであろう。

　ヒポクラテスは、下医は病気を治す、中医は人間を治す、上医は社会を治すといったが、同様ないい方をすれば、水俣病の小なる原因は有機水銀であり、中なる原因はチッソが廃液をたれ流したことであり、大なる原因は人を人としてあつかわなかったことにある。……水俣病事件発生のもっとも根本的な、大なる原因は〝人を人と思わない状況〟いいかえれば人間疎外、人権無視、差別といった言葉でいいあらわせる状況である。これが、一九六〇年から水俣病とつきあってきた私の結論である。［原田 1989：4, 7］

（1）清水の「倫理学ノート」連載と同時期、市井三郎は『歴史の進歩とはなにか』〈岩波新書〉（岩波書店、一九七一年）を著して古典的な功利主義を批判し、やがて不知火海総合学術調査団に加わって「哲学的省察・公害と文明の逆説——水俣の経験に照らして」を［色川 1983］に発表した。清水と市井の問題性については、［丸山 1996］参照。

（2）［日本弁護士連合会編 1991］［宮本 1992］参照。

（3）日本窒素肥料株式会社創設者・野口遵および朝鮮興南工場についての近年の記述としては、［後藤 1995］参照。

（4）［水俣病研究会編 1970］［宮本 1977］［色川 1983］参照。

（5）パーソン論との対質の試みとしては、［丸山 1998a］を参照願いたい。

（6）Cf.［May/Hoffman 1991］

（7）水俣病病像についてはとくに［原田 1994］を参照。

（8）［原田 1996］および［丸山 1998a］参照。

（9）［緒方 1996］および［丸山 1998b］参照。川本輝夫については［後藤 1995］［川本裁判資料編集委員会 1981］［丸山 1997］参照。

（10）宮本憲一によれば、生態学者の吉良竜夫は、「もし当時、エコロジストがこの異常現象を調査していたならば、やがて人間に同じ病患が発生することを警告できたのでないか」と残念がっている由である［宮本 1994：120］。アメリカ合衆国で環境倫理学の創始者と目されているアルド・レオポルドや『沈黙の春』のレイチェル・カーソンが、いずれも現場の生態学者であったことが想起される。日本での生態学の（当時から一五年後ほどの）現状・実態については、次の論争が一つの参考になろう。伊藤嘉昭「生態学の危機」『自然』一九七三年四月号〜九月号所収、奥野良之助「「生態学の危機」によせて——伊藤嘉昭氏への反批判——」『自然』一九七三年一〇月号所収。

(11) 以下の記述は、[宇井 1968][原田 1972]宮本憲一「水俣とむきあう」([宮本 1994]所収)等に基づく。

(12) 近年の研究では、水俣湾へ食品衛生法の適用を望まなかったのは熊本県自身である、という見方もある。[宮澤 1997]のとくに第三章参照。

(13) [後藤 1995 : 164f.]参照。

(14) 一九九五年七月一日放映の報道番組「NHKスペシャル・戦後五〇年——その時日本は「チッソ水俣・工場技術者たちの告白」」[NHK取材班 1995]参照。また、チッソ工場の内部資料等の分析による化学技術的な原因解明の最新の成果としては[岡本・西村 1998]がある。

(15) 患者各団体の歴史的な展開については、丸山定巳教授指導の熊本大学文学部地域学科社会学研究室水俣病患者団体研究班による『水俣病患者団体に関する調査』(一九九四年三月)参照。丸山定巳教授には、同調査書の提供および膨大な収集資料の参観、『水俣病にたいする企業の責任』の貸与など便宜をはかって頂いたことを感謝します。

(16) [丸山 1997]参照。

(17) [沢井 1972]参照。

(18) [Böhme, et al. 1974]参照。

4 自然保護・エコファシズム・社会進化論

――キャリコットの環境倫理思想の検討――

●須藤自由児

自然・環境の保護を説く倫理に、人間の特権的立場を排して、人間と同様の権利・価値を自然に対して認めるべきだとする立場があり、従来の倫理を人間中心的と呼び、自らを非・人間中心的と呼ぶ。また、資源としての自然の利用を前提した自然保護＝「保全」を批判し、自然の保護それ自体をめざし、自然にできるだけ手をつけないことを主張する「保存」という思想もある。いずれも、従来の自然・環境保護論よりも強い自然・環境保護論である。ところが、環境保護が世界的に政治のまた思想の重要なテーマとして浮かび上がってきた一九七〇年代の初めから、この強い自然保護の思想と運動は、全体主義あるいはファシズムだという批判がなされたりあるいは嫌疑がかけられたりしてきた。以下では生態系全体の健全さを最優先すると主張するキャリコットの議論をややくわしく紹介しつつ、こうした批判や嫌疑について検討したい。キャリコットは、有名な『環境倫理』誌に彼の書いた論文か、彼の説をテーマとして扱った論文が載らない号が見当たらないくらいの米国環境倫理学界の重要人物であるだけでなく、また、一〇〇年以上の長い歴史を持つ哲学雑誌 *The Monist* の編集顧問を務めていることから、米国哲学界でも重きをなす哲学者の一人だと推定される。

以下の議論を要約すると、①強い自然・環境保護論からファシズムは帰結しない。②キャリコットは自己中心主義に方向転換した。しかし彼はその転向によってむしろファシズムに近づいているかもしれない(1)。

1　生態系中心主義の実践的推論の検討

キャリコットは一九八〇年の「動物解放――三極構造」(以下「三極構造」論文と呼ぶ)で、他の非・人間中心的倫理との違いを強調しつつ、生態系中心的な環境倫理の構想を打ち出して論争を挑んだ。

生態系中心主義においては、環境保護の目的は一人一人のあるいは集団としての人間の幸福でも、個々の生物あるいは特定の種の繁栄でもない。全体としての生態系の健全さに究極的な価値があるのであって、個々の構成員の価値は、生態系全体への貢献の度合いを基準にして評価される。「生物共同体」ないし生態系全体の「美、完全性、安定性を保存せよ」というレオポルドの言葉が「根本原則」または(カントの語を用いて)「定言命法 categorical imperative」である。そして、全体への貢献度の低いもの、全体の利益に反するものは犠牲になる。彼は地球上の人間の数は多すぎると言い、「人間かヘビのように希少な種か、そのどちらかを選ばなければならないとすれば、選択の余地はない」と言う。そして、生態系と身体と国家・社会に関して次のような比論を行なっている。生態系の健全さがそのある部分を犠牲にして成り立っているのと同様に、全体としての身体の維持には新陳代謝が必要で、ある部分の細胞は犠牲にされなければならない。またそれと同様に「社会の統合性を維持するためには、規律、犠牲、個々人の抑制がしばしば必要だ」。こうした全体論 holism は西洋思想の伝統においては、「国家の善のために何も貢献しない」「虚弱体質のものや慢性的病気をもつもの」を差別し、遺棄することを認めたプラトンの『国家』の思想に見られるもので、近代の倫理観には「多少受け入れにくいかもしれないがより広いコンテクストにおいてはよく知られた」哲学思想であると言う［Callicott 1980：15-38/59-80］(2)。

権利論者レーガンは一九八三年に刊行した著書で、土地倫理に従えば「希少な野草を一株殺すか（数の多い）人間一人を殺すかという選択に直面した場合、その草花が……その人間以上に「生物共同体……」に貢献しているならば、その人間を殺し草花を救ったとしてもおそらく間違いを犯したことにならないであろう」と言う。彼はこのような考え方は「環境ファシズム」だと言い、同じく環境保護を重視するにしても「権利論とは水と油の関係にある」とレオポルドの全体論、キャリコットの生態系中心主義を拒否する［Regan 1983：362/35］。もっと後になるが、R・ナッシュは、キャリコットの「極端な」主張は人間を犠牲にして病原菌の権利を守ろうとする「過激で、反人間的」な倫理だと批判している［Nash 1989：154/363］。

キャリコットは八五年の論文で、土地倫理は環境ファシズムだというレーガンの批判に触れているが、何も反論していない［Callicott 1985a：39-47］。その理由は、他の生物を救うために人間を犠牲にすることの拒否を議論によって変えさせることは不可能であると同時に、強い自然保護論は場合によっては人間を殺すことを避けられない、と考えていたからであろう。(3) この前半は当然のことだ。しかし後半は間違いである（1節、2節）。だが彼はこのジレンマを解決せぬまま、「従来の倫理」を受け入れるべく、方向転換を行なう。この後の彼は生態系中心の原則と従来の人間の尊重という原則の総合をめざしているようにも見える（3節）。しかし実際には彼は生態系中心主義を放棄し、別の立場に移ってしまうのである（4節）。

さて、目標は環境・生態系の保護であり、キャリコットの考えでは人間の数の多さはそれを妨げる。そこで、もし一匹のヘビと一人の人間のどちらか一方を選ばなければならないとしたら、人間を殺すことになるであろうか。達成すべき目標があり、一定の条件の下で、なされるべき行動が結論として出てくるとき、この推論を、目標を大前提とし、条件を小前提とする、実践的推論（三段論法）と言う。キャリコットの場合、「生態系の健全さの実現」が大前提であり、小前提は「人間が（多すぎて）生態系を損なっている」ことであり、結論は人間の数を減らすということである。この実践的推論が正しく行なわれているかどうか吟味しよう。

大前提も検討が必要であるが、とりあえず、このまま出発して小前提の検討を先に行なう。そのあとで大前提についても吟味することにしよう。キャリコットは、小前提として「人間の数が多すぎ、環境破壊的である」を採り、そして、結論として「人間を減らすべし」を導き出した。彼は「地球全体で四〇億を越える人口は……生物共同体にとって全面的な災害だ」と言い、また、「雑食動物としての人間の適正な人口は」、体重が人間の倍の、したがって食糧も大まかには倍の、「クマの数の倍程度である」と言う［Callicott 1980：27/74f.］。彼は人間が捕食者として、動植物を食いすぎる（あるいは、牧畜や穀物栽培で生態系を損なう）ことが主な環境破壊だと見なしている。だが、食物摂取を通じて生態系にインパクトを与える単なる捕食者として人間を扱うそのようなやり方は、当然、人間を他の動物同様、個体差のほとんどないものと見なすことになる。そこで具体的な人口抑制策としては、現在生きている人間の一部を抽選か何かで無差別に選び出して殺すということになるか、それは非現実的だろうから、「無差別に」すべての人間が子どもの数を一定数に抑えることにするか、どちらかであろう。後者は結局、途上国の人口増加を地球環境問題の焦点とすることである。

一般に人間以外の動物は生物学的個体差が小さく、集団全体の環境への影響は個体数に比例すると見なせるので、（無差別な）個体数の抑制が環境への影響を抑制することになる。しかし人間の場合には、個体差＝個人差が極めて大きい。畜肉一キロの生産には一〇キロの穀物が飼料として必要だから、生存ぎりぎりの穀物だけの食事で我慢している人と、好きなだけ肉食をしている人とでは、大まかに言えば環境への影響度に一〇倍以上の差があることになる。日本人は遠洋で獲ったり、あるいは第三世界で養殖し、冷凍加工するなど莫大なエネルギーを使って、高級魚を大量に消費しているから、第三世界の人々と比べたら、食糧摂取を通じて、何十倍もの環境破壊を行なっているだろう。

もちろん、環境へのインパクトは食糧の生産、消費を通じてのものだけでない。大量の（化石）エネルギー使用による温暖化、フロンによるオゾン層破壊、原子力発電、核燃料再処理にかかわる事故と核廃棄物の投棄による地球規模のあるいは地域的な放射能汚染、自動車、工場からの排出ガスによる大気汚染、家庭、工場からの排水、大量の家庭ゴミ、産業廃棄物の（不法）投棄など、浪費的な生産と消費の活動全般が、あらゆる領域にわたり、複合的に環境破壊を引き起こしている。そしてこうした環境破壊に関しては、先進国の責任が極めて大きい。炭酸ガスについてだけ言えば、平均的アメリカ人は平均的インド人二〇人分以上の量を発生させている。

こうして、人間を他の動物と同様、単なる捕食者と見なし、人口を無差別に削減ないし抑制するというやり方は、環境破壊が食糧の生産と消費によるものだとしても、その効果には一〇倍以上の差が生じ、温暖化に関して言えば二〇倍以上の差が生じるということである。環境保護という目標に忠実であろうとするならば、無差別な人口抑制というやり方は全く不適切なのである。人口問題は生態系の保護に最重要な課題ではないし、人口問題を重要視する人々がしばしばそうであるように、途上国の人口増加を焦点化するのは間違っているのだ。浪費的な大量生産と消費、廃棄の経済活動の全体を変えなければ、環境・生態系の保護は実現できない。人間を単に雑食動物である捕食者と見なし、環境問題を人口問題として論じることは、これら本質的な問題への取り組みから目を転じさせることになる。

さて、人間の環境インパクトの「個体差」が大きいと述べたが、他の動物の場合とは意味が異なる。平均的日本人が高級魚を大量に消費し、平均的米国人が大量に牛肉を消費しているとしても、もちろん、生物学的な「個体差」とは全く関係ないことだ。そしてまた、人間が知性、自由な意識、意志等々を持っているといっても、環境への影響は一人一人の考え方や意識によって大きな違いが出るとは言えない。

シカなどの個体数の抑制は、それらの動物は食物の摂取の仕方や量が遺伝的に決定されていて、変えることができないがゆえにとられる方法である。人間は行動の仕方を変えることができる。だが、人間は「ポリス的」つまり「社会的な動物」である。あるいは「社会的諸関係のアンサンブル」である。人間の行動の多くは社会的に要請された行動であり、食事や入浴など私的・個人的な行動でも、ガス、電気、水道など社会の仕組み、制度的枠組みを利用し、それに縛られてなされる。こうして環境へのインパクトもまた、大部分社会的制度的な要因によって決まっている。これを変えることが必要なのである。一方で、京都会議に先立ち米国の大企業、エネルギー産業の経営者たちが温暖化防止反対の大運動をやったように、現存の仕組み、制度を通じて大きな利益を得ている人々が自分たちだけの目先の利害にあくまで固執して、それを維持すべくキャンペーンを行なっているが、他方で、経済的利害以外の「善き生」、すなわち、自然との、また他の国々の、そして未来の世代の人々との公正な関係に基づく共生をめざす人々はそれらの変革を求めている。つまり、環境破壊的な「人間の行動」を生み出している、これら経済・社会の仕組みは、決して遺伝的に決定されたものではなく、その意味で自由に選びなおすことのできるものである。こうして、自然・環境の保護という大前提、「定言命法」から導き出すべき結論は、人間は現在ひどく環境を破壊しているが、同時に、他の生物と異なって自らの行動様式を変えることができる自由な存在であるということを小前提として、環境破壊的な行動様式を変えること、そして生産、消費、廃棄の仕方などの社会的な仕組みを通じて環境に影響を与える社会的存在として、その社会システムを変えるべきだということである。地球は有限で、人口の安定化も必要だ。しかし「生態系全体の健全さへの貢献」という原理から、人間の自由な選択を無視して、人間の個体数を減らすというファシズム的な政策が直接的に帰結するわけでは決してない。

キャリコットが人間を単なる捕食者と見なしたのはなぜだろう。環境保護には保存と保全という異なる考え方が二〇世紀の初めからあった。保全論者は自然を資源と見、賢明な利用という観点からの自然保護を説いた。保存論者は保全では環境保護は不十分だと見、生態系に与える人間の撹乱・インパクトをできるだけ減らすことをめざす、もっと強い自然保護を主張する。(4) レオポルドは一九四〇年代に、「征服者の役割は結局自己破滅である」からと、人間を「土地コミュニティの……普通のメンバー、市民に変える」土地倫理を主張した。自然・土地の価値を「経済的観点からだけでなく、倫理的、審美的観点からも」見ることが必要だと「生物共同体の完全性……、美」が内在的価値であると主張した［Leopold 1986 : 310ff.］。六〇年代に「人間が他の生物を支配・利用することは神の命令だと説く、キリスト教の人間中心主義が生態系危機の原因だ」とする説がホワイトによって唱えられたことを契機にして、とくに米国では、環境倫理は「人間中心主義vs.非・人間中心主義」という対抗軸の中で考える傾向が強くなった。しかし、また、保存ないし生態系中心主義は、人間（個々人）の権利を否定する全体主義だという批判が起こった。キャリコットの主要な論敵であった権利論者は、人間（とそれに近い哺乳動物）は個体（個人）として尊重されねばならないと主張した。

こうした中で、キャリコットは生態系全体を優先し、人間の「特権」、道徳的配慮を受ける権利を否定するために、権利論者が権利の根拠と考える特別な能力、意識、知性、主体性等々を否定し、人間を高等でない他の動物と同様のものと見なすことが必要だと考えたのではなかろうか。こうして、単なる捕食者、雑食動物と見なされれば、人間もシカやその他の動物同様、個体数管理の対象にされる。

ここで大前提の検討に戻ろう。人間は環境破壊的であるから殺して当然だと考える人がいるなら、その人はまさしく「ファシスト」と呼ばれるだろう。どんなことに関しても、殺すというのは他の道が全くないときに選ばれる最後の手段だろう。これは人間以外の生物についても言えることで、一定地域内の野生動物の個体数の管理が必要だとしても、たとえば群れの一部を他へ移したり、繁殖を抑えるなどの方法も考えられるだろう。ファシストは「生態系や環境を保護すべし」という原則に立っているのではなく、それとは全く別の「環境破壊的なものは殺すべし」という原則を大前提にしているのだ。だが、「人間を殺すな」は一切の推論、あらゆる議論に先立つ自明の前提であり、あらためて前提とすべきかどうかを問題にするようなことではない。ファシストが実践的推論を行なっているとするならば、彼ははじめの大前提を取り違えている。

キャリコットの言う「一匹のヘビと一人の人間のどちらか一方が選ばれなければならないとすれば」という付帯条件を吟味しよう。その条件は、ファシストのように環境破壊を理由にして人間を殺すことを積極的に主張するのとは異なり、「両方を救えないときに、人間の救助を後回しにする」ことの主張である。キャリコットら非・人間中心主義者は、従来の環境保護論は「自然を救いたい」と考えたが、人間が自然破壊的であるのに、あくまでも人間の生活・生命を優先したために、結局自然保護に失敗したと考える。そこで、生態系保護という根本原則には同時に人間の特権を認めないという付帯条件を付けねばならない。こうして、「選ぶ必要がある時には」人間は環境破壊的だから後回しにされるべきだということになる。だが、何と何を秤にかけて選ぶかは考え方次第である。普通の国家が行なう政策のほとんどすべては、生態系保護のための予算を食っていると見なしうる。人間の数が多すぎるとキャリコットは考えているから、理論的には、人口が今の数十分の一に減るまでは、国家の努力は人間以外の「希少な」生物の保護に向けられるべきだという、先のファシストと何ら変わらぬ要求をすることになるだろう。

しかし、人間を他の生物と平等と見なすかどうかは、「生態系の保護」よりも下位の、それとは別個の問題である。そして、すでに見たように、平等と見なすことは、実際の政治的関係のなかでは、環境インパクトに関して人間を食糧摂取という観点だけから問題にし、他の広範でより重要な要因を軽視ないし無視することになり、途上国の人口増加を不当に焦点化することになる。かくして、人間を他の生物と平等の扱いをすることは間違いで、生態系保護という「定言命法」からは、断固切り離されるべきなのである。

環境・自然破壊が「人間を特別視する」ことによって起こるのだとする、出発点が不適切なのである。経済活動（の自由）を不当に重視し、すべてを専ら経済的資源と見なすことが環境破壊の原因であり、それは同時に、多くの人間の健康と生命を損なってきた。（つまり、「人間」を特別扱いしてきたわけでは決してない。）だから「人間の（最大多数の最大の）幸福の実現」のためにも自然・環境の保護が必要である。ここから出発するならば、そして、「賢明な利用」を主眼とする保全では、環境保護が不十分であったという反省に立って、「自然にできるだけ手をつけない」強い自然保護をめざすならば、この環境倫理は「生態系中心的」でありつつ、かつ人間の（生命や健康）を犠牲にすることは断じて認めないだろう。こうして、自然・環境保護を大前提に掲げたからといって、ファシズムが帰結すると言うことにはならない。キャリコットの生態系中心主義がファシズムを帰結するように見えたのは、その大前提に関して、それとは独立の、いくつかの不適切な条件が導入されていたこと、そして、小前提の設定もまた不適切であったことによるのである。

2　自然保護と開発主義
――自己中心主義の倫理――

次に、途上国での野生動物の保護が、時にその地域の住民の生活を犠牲にして進められているという実際に起こっている問題を考えてみよう。生態系の保護を他のすべてに優先する目的として掲げるとすれば、他の「希少な」生物の保護のために人間が排除されたり、不利益を被るということが当然生じることになるのだろうか。

戸田清によれば、ケニアでは、他の場所が干ばつで牧草がほとんど枯れてしまっているという場合でも、国立公園内に入って家畜に草を食わせると、法廷に引っ張られてしまうと言う［戸田 1994 : 242］。グーハの指摘によれば、世界自然保護基金や国際自然保護連合などの運動によりインドに設けられたプロジェクト・タイガーは、特定地域の自然を生活の糧にしている住民たちを追い出して、トラやサイなどの保護区を設けている。「トラの利益と保護区周辺の農民の利益は鋭く対立」している。保護を推進しているのは元ハンターのグループで、ほとんどはインドの没落した封建エリートに属する社会層である。（彼らはかつてスポーツとしてであれ経済的利益のためであれ、トラ狩りをしてトラを減らしたのだが、今度は保護に転じた。）「地元住民のニーズが考慮されることは決してなく、アフリカの多くの地域と同じく、指定された原生自然は主として豊かな観光客のために管理されている。

ごく最近まで、国家や保全〔＝自然保護〕のエリート集団は原生自然の保存と環境主義を同一視していた。従って、貧しい人々の生活にはるかに直接的な影響を及ぼす環境問題（例えば、燃料、飼料、水不足、土壌の浸食、大気・水汚染）が十分とりくまれることはなかった」。グーハは、このような現象は「人間を生態系の一要素として見る」ディープ・エコロジー思想に基づき、「原生自然の保存を第三世界に適用」した結果であると言う［Guha 1989：訳 81–91］。

次のような報告もある。インド、グジャラート州のギル森林は全体が動物保護区になっている。現在二五〇家族、一〇〇〇人が住み着いていて、五〇〇〇頭以上の牛、水牛を放牧している。外部に草がないため、雨期には内外の五万頭の家畜が森林の草を求めて集まる。そのため、シカなどの草食動物が減り、それを餌にするライオンも減った。州政府は外部からの接近を排除し、また森林内部の住民の立ち退きを進めてきた。政府の職員は「牧草地さえあれば、あすにでも森林から人と家畜がいなくなるのだが」と話している。トラの保護地域はインド全体で一五か所あるが、ギル森林の場合と同様に、住民の立ち退き問題がある。中央政府の責任者は「トラを守るために餌となる草食動物を増やす必要があり、そのためには森と草を維持しなければならず、そのためには土と水が重要だ。これは環境全体に及ぶ。私たちはトラの名前を借りて人間の環境を守っているのだ」と説明している［朝日新聞取材班 1985：80–82, 107–110］。

この説明が詭弁だということは明白である。土地と水、森と草の全体はトラの環境ではあるが、人間つまりそこの住民は森での生活を奪われ、その森は人間の環境ではなくなったのだから。だが、この「人間＝地元住民」の生活を犠牲にしつつ行なわれている、トラやライオンのための森林の保護は、（人間と他の生物を平等と見なし）自然保護をすべてに優先する第一原理と考える生態系中心主義から帰結することなのだろうか。

前に、生態系保護という目的と「人間とその他の生物を平等と見なす」ことは別個の事柄であり、後者は不適切と述べた。グーハはディープ・エコロジストが「人間を生態系の一要素とみる」という。これが事実だと仮定して、では、インドのトラの保護は「人間」とトラを平等に扱うことであるか。政治権力を用いてこの関係を生み出しているエリート層は、確かに「人間＝地元住民」とトラを平等に扱っているかもしれない。だが彼らは自分たちを特別の位置に置いて、住民と自然の両者を支配し利用している。この三者の関係においては、自然と人間は平等になっていないのである。

「人間は生態系の一要素（で他の生物と平等）だ」という主張は、「生態系を破壊すれば、人間も生存できなくなる」という単なる事実を述べる主張であるとすれば正しい。だが、それが、管理する対象の外に自己を置き、自分たち以外の人間と他のすべての「生物」を一方的に管理し、平等に扱うという特権の主張であるとするなら、それは断じて認めるべきでない。それは自然であれ、人間であれ、自己以外のすべてを手段と見なすのだから、典型的な自己中心主義、つまり利己主義であって、自然・環境保護思想とは全く別のものである。

行動は倫理的には動機と結果の両方から評価されねばならない。トラの保護は生態系中心主義、あるいは保存の原理に立ち、「生態系保護」を動機とするものか、また、その結果は生態系の保護になっているか、調べてみよう。動機は全く別である。それは、特定の珍しい動物を観光資源にして、経済的な利益を得ることを動機としている。結果はどうか。たとえばケニアの保護区に生息する「絶滅危機種」のグレビーシマウマは、観光客の車により草原が破壊されて、保護区の外部に移動している。インド、ギル森林のライオンは餌づけされて、「原生自然」「野生動物」の保護にはなっていない［朝日新聞取材班 1985：87-89, 82］。これらの場合、限られた目標すら達成していない。さらに、そうした政策は観光資源となる森林以外の自然・環境の保護を怠っている。土壌や水、飼料や燃料（を与えてくれる森林）など地元住民のニーズに答える基本的な環境・自然の保護は行なわれていないので、森から追い出された牧畜民は、外の貧弱な自然を利用し、結局それを破壊せざるをえない。人間＝牧畜民は緑豊かな土地を追い出されても、トラのように「絶滅の危機」に瀕したりせず、しぶとく環境を破壊しつつ生きつづけるだろう。こうしてタイガー・プロジェクトはインド亜大陸という大きな生態系をかえって劣化させる。

観光を目的とし、「自然保護」を表看板にしたこれらの政策は、経済的利害を追求する政府エリート層の自己中心主義、利己主義から生じた。グーハによれば、同じくインド政府のエリートたちは、地元の自給経済を破壊する森林の伐採、農民の立ち退きを強制しつつ進められている巨大ダム建設、あるいは小規模な漁民的漁法に取って代わる、輸出のための大規模なトロール漁法の導入などの政策を進めている［Guha 1989：訳 90］。それらの政策は住民＝人間を犠牲にするものだが、同時に反自然保護的な政策である。エリート層の自己中心的経済利害の追求は、「人間」つまり農民、牧畜民、漁民に犠牲を強いることを厭わぬもので、ある時には反自然保護的であり、また時には、観光資源開発という目的が、たまたまトラのいる森林＝自然の保護となって現れることもある。タイガー・プロジェクトの住民排除が「自然保護」を追求する生態系中心主義の原理から生じたというのは、不当な嫌疑である。

グーハはナッシュを含めた先進国のディープ・エコロジストたちの考え方の中で、環境保護と原生自然の保護を同一視する点が不適切だと見る。彼らは原生自然とのレクリエーション的関係を重視する。彼らにとって「原生自然の機能は近代文明に一時的な解毒剤を与えることである」。彼らはアメリカが到達した文明、工業、自動車、消費社会をすべての国が到達すべき目標と考え、それらが生み出す環境問題は彼らの環境問題の範疇には入っていないか、軽視されている、とグーハは言う。

グーハの批判は全く正しいと私も思う。だが、ディープ・エコロジストは「生態系の保護」を最高原則としていないのだ。最高原則としての「生態系の保護」は、普遍的・全地球的 global に適用されなければならない。あらゆる政策に関して、途上国であれ先進国であれ、農村であれ都市であれ、あらゆる場合に、地球全体の生態系の保護を促進するかどうかの観点で吟味し、必要な行動をとるべきだろう。米国の生態系中心主義者、ディープ・エコロジストは自己（自国）中心主義の原理に立って、原生自然の保護という限られた目標を達成すべく、「箱庭的」自然保護を行なおうとしているにすぎない。

3 キャリコットの生態系中心主義の基礎づけ

キャリコットは「三極構造」論文以降は、一方で、生態系中心主義の基礎づけに向かう。だが、他方、人間よりも自然の保護が優先するというようなことは言わなくなる。彼は方向転換をした。以下で八六、七年ころまでの彼の議論を概観してみよう。

キャリコットは生態系中心的な環境倫理を基礎づけるために、自然全体が固有の価値を持つということを示す必要があると考えた。八四年の論文で、彼は環境倫理のために提出されているさまざまな非・人間中心主義的な価値論を概観し批判的に吟味している。その中で彼が「ホーリズム」と呼ぶ立場は、「三極構造」で彼がとっていた立場である。これについて彼は次のように述べている。プラトン、ライプニッツは多様性・豊饒性と単純性・秩序の統一態を客観的な価値、善と見なした。生態系の多様性、完全性等を内在的価値と見なすレオポルドも同様である。だが、これは個々の人間の福祉のみに関心を持つ人間中心主義の欠陥と反対に、個々人に無関心という欠陥を持つ。われわれが生きているこの世界と無関係に、種の多様性等々それ自体に価値を認めることと、人間が生態系を破壊し自らも滅亡したとしても、その後の地球には再び別の、多様な種が繁栄するだろうということは両立する。現存の種と現在の生物圏が内在的価値を有するという、「広く共有されている道徳的直観の説明のためには、人間的 humanistic でありつつ人間中心的 anthropocentric ではない道徳理論が必要だ」[Callicott 1984: 303f.]。ここで述べていることと、「三極構造」で述べていた自然保護のためには人間の犠牲も必要だという主張は明白に異なる。人間を超えた、人間と関係なく存在する「客観的な価値」の存在を認める客観主義的価値論を彼は否定する。では、彼の環境倫理の根本原理はどこに置かれるのか。

彼はレオポルドの土地倫理を主観主義的価値論の系譜の中に位置づけしなおす。彼によれば、レオポルドの土地倫理は倫理の起源に関するダーウィン思想の影響を受けており、後者はヒュームからの影響を受けたという。

ヒュームは、価値は価値評価する主体に生じ、主体に依存する感情が投影されたものであって、価値を有する対象物に帰属するものではないと言う。そこで「価値評価主体から独立して、客観的な」という意味での内在的もしくは固有な価値というものは存在しないことになる。だが、すべての価値が主観的な起源を有するにしても、価値評価する主体 and/or その主体の感情にだけ、価値が置かれるわけではなく、自分以上に他の事物が大切にされることもある。ヒュームは人間が自己愛だけでなく、「自然の素質によって」直接に他者の利益や公益をめざす感情を持っていることを明らかにしている [Callicott 1985: 162, 1982: 124]。これはカント風の理性ではなく、また、「親切は人のためならず」式の啓蒙された利己心でもなく、直接的情念 passion である。レーガンの依拠するカント的理性は自己利益を出発点としているというグッドパスターの説[5]をキャリコットは繰り返し引用する [Callicott 1986: 142f; 1987: 84f. etc.]。キャリコットは自然の固有な価値が、このまっすぐ他者に向かう利他的な情念に基礎を持つと考える。

問題は、倫理的な判断や価値判断が衝突する場合で、彼の考えでは、これらの場合には、事実判断と異なって、対立する二つの判断のどちらがそれと一致・対応しているかを調べるための事実が存在しない。善悪の判断が主観的なもので、客観的基準がないとすれば、「いやらしい相対主義と懐疑主義」、道徳の否定が帰結すると人は言うかもしれない［Callicott 1982：121］。

キャリコットは「事実との対応」に代わるものとして、価値判断が客観的なものだということの保証をダーウィンの進化論、そしてそれを「精緻化した」現代版である、ウィルソンらの「社会生物学」という科学理論に求める。ダーウィンによれば、仲間意識、共感、親切心などの道徳的感情は自然淘汰によって獲得された。なぜなら、仲間意識の強い構成員を多く持った社会ほど、自己を守り、発展させることができたはずだから。これが倫理の起源についてのダーウィンの説明であり、その根本洞察は現代の社会生物学の思想のなかで保たれている［Callicott 1982：119；1984：305］。（しかし、ダーウィンの「生存競争」という観念は、当時世界で最も発展した国家である大英帝国の首都における「万人の万人に対する闘争」から着想されたということ［Worster 1977：訳 190f.］を考慮すると、「仲間意識」、「共感」の意味内容は不明である。後の家族愛についての議論参照。）

こうして、価値（判断）は主観的なものだが、人間の感情は遺伝的に大枠が固定されており、自然淘汰によって標準化されている。「極端に偏った価値判断は、ひどく曲がった背骨が異常である、あるいは正しくないと言われるのと同じ意味で、異常であり正しくないと言える」。（これは、倫理的なよい・正しいの説明としては不適切で、明白な自然主義的誤謬である。）価値は、主観的ではあるが、全面的に相対的なのではない［Callicott 1985b : 164f.］。

レオポルドは、一世紀前のダーウィンの進化論の知識は、人間と他の生物が血縁関係にあるという意識を与えてくれているはずだと述べている。だから人間を含む全生物は共通の祖先である一つの細胞から進化した「文字通り血のつながった親戚 kin」だ［Callicott 1982 : 125］。またレオポルドは社会進化論を発展させた。彼は土地倫理を現在進行中の社会－倫理的進化の次のステップと見なしたが、彼によれば、（利他的社会的感情は自然淘汰により遺伝的に与えられているが）仲間の範囲は文化により可変的である。彼は動植物や土や水を、最大限に拡大された生物コミュニティの仲間の一員と見なす進化論的でエコロジカルな自然の見方を教えてくれた。このような自然の見方に参加するものにとっては人間以外の自然的存在は固有な価値を有する［Callicott 1985b : 162f.］。

以上が、「三極構造」以後、八六、七年頃までのキャリコットが述べていることである。彼は、人間が理性によって自己利益を説得ないし強制して、利他的態度をとるのでなく、進化論、生物学が保証する、情感という自然的素質に基づいて他者を愛するのだということ、進化の過程で善悪の判断は標準化され、かくして客観性を持つこと、さらに仲間と見なされる他者とは人間だけでなく、「血のつながった」全自然界であることを論証しようとしている。確かに、彼は現存の生物種との血縁関係を強調することによって、人間的で、かつ非・人間中心主義的な倫理の基礎づけ論を提出しているように見える。だが、人間の権利と他の生物の保護という二本柱の根本原則が樹立されたのだろうか。

八五年の「内在的価値、量子論、環境倫理学」と題した論文(以下では「量子論」論文と呼ぶ)ではヒュームの評価を変えているが、基調は同じで、それを補強しているように見える。この論文に少し触れよう。

ヒュームの主観主義的な価値論は「事実と価値の区別」と結びついているが、これはデカルトの二元論つまり主体(主観)と客体(対象)が明白に分離し区別されているという見方に付随するものである。しかし、二〇世紀の科学革命、とくに量子論を考慮するとこの二元論はもはや維持できない。このように彼は言う[Callicott 1985: 165f.]。さらに不確定性原理の存在論的含意等々、かなりの頁を割いて彼は量子論の解釈を披露しているが、すぐに結論に移ろう。

「もし量子論と生態学が……共に、自然の物理的領域と有機的領域の両方において、〔人間の〕自己と自然の連続性を含意し、そして、もし〔従来の道徳理論により〕自己は内在的に価値を有するとするならば、その時には、自然は内在的に価値を有する。もし私が私自身の利益のために行動することが合理的であり、そして私と自然は一つであるとするならば、私が自然の最善のために行動することは合理的である」[Callicott 1985b: 173 強調は原文]。簡潔に言えば、生態系中心的倫理と人間中心的な従来の倫理は、「人間と自然は一つのものだ」と考えれば、矛盾しないということである。

かつてパスモアは、保存論や生態系中心主義の拠って立つ「全体性の哲学」は、人間を含め、一切の個々の存在の「差異は程度でしかなく」自然の全体の一部をなすに過ぎないと見なすが、それは結局「神秘主義と全体主義」に陥ると批判した[Passmore 1973: ch. 7]。フィーザーはこの「量子論」

論文は、一種の汎神論、東洋的な無差別同一の立場で、倫理の否定に通じると述べている［Fieser 1993 : 176f.］。確かに上の定式では意識を持つ存在である人間とそれ以外の自然的存在は区別されないのだから、「環境ファシズム」でも、全面的な「人間中心主義」でも構わないということになる。

マーチャントは『ラディカル・エコロジー』でこの論文に触れつつ「根底においては、生態系中心的な倫理は、人間中心的homocentricな証明が可能であるかもしれない」と述べている［Merchant 1992 : 78/107］。つまり、キャリコットが自然全体主義とでもいうような神秘的立場に立っているのでなく、人間の自己利益から出発していると、彼女は受け取っている。その点は当たっていると言えるかもしれない。(6)（ただし、超ミクロの世界に関する物理学理論の「含意」なるものの利用によって、権利論のアトミズムと土地倫理のホーリズムが総合されているとか、「もし……ならば」という仮言命題からなるひどく軽薄な規則が、人間の命の扱いにも関わる、環境倫理の実践を命ずる定言命法の基礎づけになっているとか、彼女も考えているわけではないだろうが。）以後、自己中心的と呼ぶべき態度が彼の論文の基調をなすようになる。

4　キャリコットの社会進化論的倫理と自己中心主義

キャリコットは八七年の論文で「社会進化の以前の層と結びついて生じた、以前の道徳的感受性と義務は先取りされた有効なものとして残っている」と述べている［Callicott 1987 : 93］が、それ以降、社会進化論や社会生物学に依拠した、「従来の倫理」の強調が目立つようになる。「生態系中心的な環境倫理は全体に対する道徳的考慮可能性を与えてはいるが、個々人の権利を奪うものではない」。「社会の進化につれて、道徳領域は、風船の膨らむように連続的にではなく、段階的に拡大されてきた」。レオポルドによる生物共同体の発見は、新たな外側の領域を追加するが、内側の「より親密な社会的絆とそれに付随する諸々の責務はそっくりそのまま残されている」[Callicott 1992 : 311-4]。

「我々は、入れ子式になったコミュニティのメンバーで、そのコミュニティは各々異なる構造を持ち、そしてそれ故異なった道徳的要求を持つ。その中心に近親者だけからなる家族〔というコミュニティ〕がある」。家族に対する義務と隣人に対する義務は異なる。「隣人の子供を自分の子供と同じように世話をしたり可愛がったりすることは私の義務ではないだけでなく、もしそんなことをするなら異常と犯罪の間の何かと見なされることになろう」。同様に、われわれは市民、人間一般、動物一般に対して異なる責務を持つ。そして、われわれは、個々のメンバーの上にある、コミュニティ自体、つまり家族そのもの、国家そのもの、人類そのものも気にかける（care）[Callicott 1989a : 55ff.]。

九六年の「脱構築的生態学と社会生物学」では、E・O・ウィルソンらの「血縁選択」という考え方は、「明白な倫理的関心を伴う真の利他的行動は必然的に、近い血縁者に限られることを意味するのではないか」と言う。そして、フォックスの『トランスパーソナル・エコロジー』に触れる。フォックスは、キャリコットが他者への道徳的考慮を、社会生物学の観点に立って説明することを批判している。フォックスは包括的適応度の概念に触れ、「社会生物学は、我々が遺伝的つながりのないものと対照的に、〝最も近い、最も親しい〟者をえこひいきする傾向を持つということを説明し、その正統化の役に立っている」と述べている。(7)

キャリコットは「そのとおりであり、それは正しいかもしれないのだ」と言う。そしてシンガーの「普遍主義の実際的不合理」を攻撃する。「地球の反対側で飢えている人々の苦しみを減らすために、自分と自分の子供を困窮させるならば」シンガーは「自分の近親者からだけでなく、実際上、全ての人から非難されよう」[Callicott 1996：364]。キャリコットは「三極構造」論文における全体論的観点とは正反対に、自己（および近親者）とそれ以外のものの区別と差別扱い、自己との距離の近さに応じた利他的行為を説いている。彼は自分をコミュニタリアンと見なそうとしているようだ［Zimmerman 1995：227, note7］が、コミュニタリアンとは、アトミズムつまりばらばらな利己的諸個人（の権利）を重視する見方を退け、社会の共同性を重視する立場であろう。(8)しかしキャリコットは、隣人や他の国々の人を区別・差別するために家族愛や愛国心を持ち出し、他の生物を区別・差別するために人類を持ち出す。つまり、それぞれの共同体（家族、国家、人類）は、それと同じレベルの他の共同体（に属する人々）および一つ上のレベルの共同体（家族に対しては全体社会、一国に対しては国際社会、人類に対してはすべての生き物）と区別され優先されるものとして提出されており、他者とのそして社会全体の共生・協力を促進するのでなく、その反対の働きをするものである。結局彼が説く「従来の倫理」とは、近親集団のエゴイズムであり、（内部の一致団結を強調するが）他の行為主体との敵対的・競争的関係を前提して自己（自国、自民族、自社）の利害のみを追求することを推奨する

(マーチャントの言う) 自己中心的倫理である。

なぜ彼は近親者に対する利他的行動が「真の」倫理的行動だと推奨するのだろうか。この点について説明がほとんどないので、彼が引き合いに出す、ウィルソンを直接参照してみよう。ウィルソンは『人間の本性』で、利他的行動を「芯の固い」ものと「芯の柔らかい」ものの二種類に分けて次のように説明している。前者はミツバチやシロアリに典型的で、自然淘汰によって進化したもの、非常に近縁な血縁者に向けられるものである。後者は人間において発達したもので、血縁関係が遠いかあるいは血縁でない人々の間における互恵的なもの、損得計算に基づく、意識的な行動である。そして、哺乳類の一員である人間は「自分の繁殖上の成功を第一の目標としており、ごく近縁の親族の繁殖に、それに次ぐ重要性をおいている。これら以外の不承不承の協力行動は……妥協の産物」でしかない。芯の柔らかい利他的行動は「本質的には利己的」で、「うそ、見せかけ、欺瞞など」が「心理学的媒介項」になっている。これに対して「社会性昆虫には偽善者は存在しない」[Wilson 1978 : 訳 284ff., 364]。

こうした考え方が背景にあるとすれば、キャリコットの先の言葉はよくわかる。われわれは、文化や知識により、近親者以外にも、利他的行為を及ぼすべき他者の範囲を拡げていく。しかし、「自然的」には、つまり、遺伝的決定によっては、人間は一般に利己的であり、欺瞞や打算のない、純粋な愛情に基づく利他的行為は近親者に対してのみ可能である。家族以外の人(や動物)に対する利他的行為は、遺伝によって決定されている傾向性に反するという意味で不自然であり、また、愛情から直接発するのでなく欺瞞や打算が裏にあるものとして、不正直で不自然である。彼は、このような意味で「自然な」、あるいは遺伝的、生物学的傾向性＝「事実」と一致した利他的行動が「真の・本当の」利他的行動だと考えていると推測できる。

さてウィルソンは、『精神の起源について』で、人間の遺伝的形質に反する行動はストレスを生み、ひいては社会を不安定にするので、倫理的規範は遺伝的形質と一致しているほうがよいと述べている。しかし、人間は、知識を利用して自由に行動することもできる。「遺伝子をトリックにかけ」別の形質を選ぶという「社会工学の離れ業」により、ストレスを生じない別な倫理規範をたてることもできる、と言う［Lumsden/Wilson 1983：訳 231, 241］。（ただし、その規範選択の基準が再び遺伝や進化を参照しなければならないというジレンマがあるけれども。）また彼は前述の二種類の利他主義のうち、「芯の硬い」もの、つまり、血縁優先主義は文明の敵であり、国際協調を妨げるものだと反対している［Wilson 1978：訳 286f.］。

ところが、キャリコットは普遍主義倫理に反対し、この「芯の硬い」利他主義を推奨している。偏狭な家族愛の倫理は社会進化の以前の段階で生まれたもので「先取りされた有効なもの」だと考えるのだろう。そして、遺伝、すなわち自然（的傾向）に素直に、正直に従うことが正しいと考えるのだろう。ところで彼は価値判断、倫理的判断は主観的なものだが、社会的感情として、社会進化の過程で淘汰、標準化された、「正常な」判断が「正しい」判断なのだとも述べていた。だが、自然的傾向性と一致した、家族に限られた利他的行動が「正しい」行動だという、彼のその倫理的判断が、現代の世界で「標準的」だとは、客観的に見て、言えないだろう。そうだとすれば、そして、彼が「正しい」ことと「標準的である」ことを同一視する限り、彼のその倫理的判断は正当化されない。しかし、彼はそれに固執することもできる。そのような倫理的判断は、少数に過ぎず異常で非真であるか、多数であって正常で真であるか、それは現在明らかでない。だが、私が(遺伝によって)そう信じていることは事実だ。このように主張することは可能だ。

彼を論駁するために、次の点に絞って検討しよう。彼に従って、家族に対する無私の行動が「真であり」「自然なもの」だということが言えるためには、それが遺伝的に決定されており、淘汰によって標準化されたものであるということが証明されなければならない。だが、また、遺伝的決定の度合いを確かめるための科学的取り扱いに先立って、無私の家族愛という明確な対象が特定されていなければならない。それらのことは可能なのか。

まず家族愛と見なしうる現象は何であるか。「三極構造」でキャリコットも嘆いていたように[Callicott 1980 : 24f./71]、米国は利己主義的、競争主義的社会で、社会保障や福祉の極めて貧困な国である。それどころか、拳銃を所持して自分の身を守ることすら必要、つまり、家を一歩出れば、周囲の〃人間はすべて狼〃と感じられるような社会なのだ。そのような背景の下で、キャリコットは家族における家計のための労働、家事・育児の分担など(外の社会とは異なった)ある程度の協力関係を、誇張的に「利他的」「倫理的」と考えた可能性がある。子どもの養育が無私の、「真に倫理的な」関心に基づいてなされているというのは疑わしい。むしろ、多くは自分の老後の世話を期待してのことだろう。（そしてそれを倫理的に非難する必要は全くない。）また、夫婦の関係について次のような統計がある。米国の男は妻と他の男との（精神的）愛情関係に嫉妬する割合は二四％と低いが、他の男とのセックスを嫉妬するものの割合が七六％と高い。（日本人の男は六二％と三八％でほぼ逆。［佐倉 1997：171］）そしてまた離婚率も極めて高い。ということは、自己の遺伝子を残すためであれ、あるいは単に快楽を得るためであれ、米国の男にとって夫婦という関係は「愛情」に基づく関係というより、彼の言う「理性」と打算に基づく関係だと言えないか。また、妻に対する夫の、子どもに対する親の暴力、虐待がしばしば報告されているが、実はこれこそ理性や社会規範を忘れたときの「自然な振る舞い」だとは言えないか。そして、家族間の協力や犠牲的献身が「見せかけや欺瞞」なしで、「自然に」行なわれているとしたら、それは「互恵性」が他の遠くの人々との関係と比べて、極めて確実だからではないか。（そして、見返りの期待できない遠くの人々に対する利他主義こそ、「打算なしの」「真に倫理的な」利他主義と言えないか。）われわれが現代社会で見いだす利他的家族関係は、一部は打算（ないし「互恵」）に、一部は責任感に、一部は直接的な愛情に基づくものだ。無私の「真に倫理的な」家族関係とは何を指すか、決して明らかとは言えない。

社会学者や文化人類学者によれば、母の性的パートナーと生物学的父が、あるいは生物学的父と社会学的父が、あるいは、生物学的母と社会学的母が同一である、あるいはそうでなければならないという近代家族の理念は、人類学的には特殊ケースである［上野 1996：2f.; 波平 1996：30ff.; ギティンス 1990：108f., 177］。また「相互の強い愛情と家族意識という新たな心性で結ばれた」近代家族は「たかだか二、三百年ほどの歴史しか持っていない」。「それ以前の「家族」は非血縁の奉公人も成員として含み、相互の情緒的紐帯は弱く、労働においても社交においても村の人間関係のネットワークに溶け込んでいた。夫婦はそれぞれ連れ合いよりも村の同性集団の人々に親しい感情を抱いていた」。「こども の誕生」(アリエス)、つまり子どもに対する関心の増大、育児や教育の重視は近代の出来事である。そして近代は子どもとともに「母」をも誕生させた。一八世紀になると母性愛が中産階級の流行現象になる[落合 1989:188f.]。

キャリコットは隣人の子どもを自分の子どもと同じように世話をしたり可愛がったりするのは犯罪同様のことだと言っていた。彼の考える家族は近親者だけからなり排他的な愛情関係から成り立つ。これが社会進化により淘汰され、標準化された形質により規定された自然な家族関係と考えられているだろう。さて、ウィルソンによれば行動や感情、選好は学習されるのだが、その過程が遺伝的拘束を受けている。そしてその証拠と見なせる事例として、彼は近親相姦の好み、色彩知覚の学習、表情など一二種類を挙げている[Wilson 1983:訳 93-101]。(だがそこから言えることは、人間の精神が遺伝と全く無関係とは断言できないというくらいのことであり、これは多くの人が認めるだろう。)そして遺伝子=文化共進化つまり社会進化による形質転換には一〇〇〇年程度の時間がかかるという[同:200f.]。上で見たように、現代の米国(日本もそれほど違わない)の家族の間の利他主義とは何を指すのかが不明であった。だが、仮に、家族関係のあり方がキャリコットの言うようなものだとしても、それが社会進化による淘汰の結果として、遺伝的に決定された、「自然な」もので、現代アメリカの家族と近代以前の家族は異なる遺伝子によって規定されていると見なすのは不可能だ。

こうして、自然的つまり遺伝によって決定されたもので、かつ、打算や欺瞞の一切ない、無私の愛情に基づく、近親者や家族間の利他的関係なるものの存在が主張できないのだから、他の利他的行動に優先されるべき「真の倫理的関係」としてこれを推奨することはできないのである。

こうして、彼の自己中心的倫理の根拠は成立しないが、ともかく彼は「おぞましい」ファシズム的帰結を回避すべく、自己中心主義へと転向した。彼がファシズムに陥る心配はなくなったのだろうか。ジンマーマンは、「三極構造」でのキャリコットの議論とナチの思想の類似性を詳しく指摘している。だが彼は、後のキャリコットは以前の立場を完全に清算したのであり、キャリコットの認める個人の権利は決して「アド・ホックな付加物ではない」と言う。そしてアメリカの環境規制に反対する土地所有者などの保守主義者や自由至上主義者《リバータリアン》は、移民の受け入れに反対し、「自然の諸法則と調和した、エスニックに統一された……社会」というファシスト的スローガンに引きつけられるが、他方で、財産権などの個人の権利を支持して、「ファシズムの集団主義的衝動を妨げている」と述べている[Zimmerman 1995 : 226–232]。個人主義が環境ファシズムに対する砦になると言うのだ。

だが、それは本当か。ファシズム体制はその内部に自由な異端者を認めない（全体主義）だけでなく、同時にその外部に敵を見いだし、攻撃する。それは（何らかの神話によって）自己の特権を追求し、他者を攻撃する理由があると信じる一種の自己中心主義に基づく。一九三〇年代のアメリカに存在したファシズム運動を研究した三宅昭良は「敵を外部につくる態度ほど〝ファシズム〟的なものはない」と述べている［三宅 1997：80］。危機的状況のなかで自己（自国・自民族）中心主義は容易に排外主義や侵略を生むだろう。自己中心的な国が他国を犠牲にすることで自らの犠牲を減らそうとすることは危機のなかで大いにありそうなことではないだろうか。

また、見田宗介は「環境と生態系の切迫した危機の管理を名目に人々の生活〔の一切〕を規制の対象とするシステムが力を得ることができるのは、実際にこのような危機が目前に迫ってしまった時で」、その「時点では、選択は一つの地獄ともう一つの地獄との間でしかなされえない」と言う。つまり、その時点では、あらゆる政府が環境保護を理由に「ファシズム的」政策を行なうしかなくなってしまう。ところで、（自由主義や私有財産の自由を絶対視して）「環境と生態系の問題を正視」せず、解決への取り組みを先に延ばすということが「エコ・ファシズムに道を開くことになる」［見田 1996：9f.］。九七年の温暖化防止京都会議で表れた、米国、オーストラリア、日本など自由主義を第一に掲げる国々の消極的態度には、まさにこの指摘が当てはまるのではないだろうか。京都会議で合意されたのは、先進国全体で六％の削減である。一九九〇年に出されたＩＰＣＣ（気候変動に関する政府間パネル）の報告書では、温室効果ガスの濃度を安定化させるためには、排出量を直ちに六〇％以上削減する必要があると述べている。そして環境への影響を評価する第二部会報告の「結語」には、「人類が本格的な予防および適応対策を講じないかぎり、地球環境には重大かつ潜在的には破滅的とも言える変化が生じるだろう」と述べられている［霞が関地球温暖化問題研究会 1991：158, 151］。自由主義＝自己中心主義によって、われわれは「破滅的」危機にますます近づきつつあるのではないか。自己中心的倫理は、二重の意味でエコファシズムと無関係ではないのである。キャリコットは不十分にしか構想されていなかった生態系中心的倫理を放棄し、「従来の」自己中心的倫理に転向したが、彼はそれによってかえってファシズムに近づいたのかもしれない。

（1）ファシズムという語は、他に説明がないかぎり、全体の利益の名の下でなされる非人間的、反人道的な政策というくらいの意味で用いる。また自己中心主義とはマーチャントの『ラディカル・エコロジー』での概念を踏まえたもので、自己（私、企業、国家など）の個別的視点から利益追求を行なう自由を最大限に認め、多くの自己の行動の総和がもたらす社会的結果を重視しない、リベラリズムの原理である。両者に関してより詳しくは拙稿［須藤 1998a：1-16］参照。

（2）ここから浮かび上がるレオポルド像はひどく歪んだものである。後の「土地倫理の概念的基礎」［Callicott 1987：92］ではその点への反省が窺える。次注参照。

（3）八七年の論文のなかに次のような文がある。レオポルドは土地倫理に（レーガンが恐れたような）「非人間的なあるいは反人道的な含意や帰結」を持たせるつもりはなかった。しかしその理論的前提から「重大で、おぞましい」帰結が論理的に演繹されるかもしれない。そうしたら土地倫理の企ての全体が「帰謬法」的に否定されることになろう。しかし「幸運にも」云々［Callicott 1987：92］。

（4）これは、ほぼB・ノートンの考え方に従ったもので、ここでの保存論の定義である。拙稿［須藤 1998b］参照。

（5）Goodpaster は、From Egoism to Environmentalism, in : K. E. Goodpaster & K. M. Sayre（eds.），

Ethics and Problems of the 21st Century, University of Notre Dame Press, 1979で（ヒュームも含めてだが）従来の西欧の倫理学は自己利益の一般化を説くものだと論じている。

（6）『ラディカル・エコロジー』第6章によれば、キャリコットは一九八八年にラペーと共著で「マルクスとミューア――進歩主義的なビジョンとエコロジカルなビジョンの総合に向けて」という論文を書いた。これをマーチャントは評価するので、社会的という意味合いの強いhomocentricという語を用いている。

（7）［Fox 1990：訳 345f.］参照。

（8）たとえば、Ch・テーラー「アトミズム」『現代思想』一九九四年四月、ジョセフ・ラズ『自由と権利』（森際康友編、勁草書房、一九九六年）など参照。

III　経済とビジネスの倫理

5 貧困・社会政策・絶対性(1)

●山森　亮

1　社会政策と倫理学

はじめにお断りしなければならないが、私は倫理学者ではない。私がここにいるのは、倫理学と社会科学の架橋を果敢に実践しようとする試みや呼びかけに、社会科学の側から応答したい、という一点による。私はこれまで社会政策学を専攻してきたので、さしあたりこのフィールドから私なりの「冒険」を試みることにしよう。

「社会政策学」と「倫理学」という組み合わせは、日本では奇異に感じられることだろう。しかし英語圏の福祉理論研究では、今もっとも熱いテーマの一つとなっており、社会政策や福祉についての会議を、社会政策学者と倫理学者が一緒に持つということもなされている。これは「ケインズ主義福祉国家」と呼ばれるシステムが「危機」に陥る中で、社会政策学が暗黙裏に前提としていた諸条件が変容し、原理的な再検討が余儀なくされていることと無縁ではない。また、とりわけイギリスでは伝統的に社会政策学内部においても倫理的問題をめぐる議論が活発であったことも指摘できよう。もともと社会政策学は「ひとの必要の範囲と、それらを満たすために作られる社会制度とに関わるもの」[Rein 1976 : 20] であると同時に、それにもまして「競合する諸価値の間の選択に関わるもの」[Rein 1976 : 140] であった。(2)

翻って日本でも即自的な奇異感とは裏腹に、上述のような客観的諸条件の「危機」は同様であるし、研究上の伝統という点でも、たとえば福田徳三や河合栄次郎の著作などを繙《ひもと》けば、むしろ社会政策と倫理学は近かったといえよう［山脇 1996］。

さてしかし学際的な研究史を紹介したり、その問題点を指摘することは本稿の課題ではない。(3) 以下ではある二人の学者の間でなされた貧困をめぐる論争という、たった一つの出来事に焦点を絞って、話を進めていこう。社会政策学・社会学者と経済学・哲学者の間でなされたその論争は、その輻輳《ふくそう》する学際性ゆえに、正当に認識、評価されることがあまりなかった。むろんここで、「社会学」対「経済学」あるいは「社会科学」対「倫理学」といった対立点を挙げたいのではない。というのも、論争で問われながらも、未決のまま現在に至っている事柄は、そのような対立図式で説明すれば済むものではなく、まさに「超学的探求」［川本 1997］をこそ要請しているのである。

2　二人の軌跡

社会政策学・社会学者の名はピーター・タウンゼント（Peter Townsend, 1928–）。経済学・哲学者の名はアマルティア・セン（Amartya Sen, 1933–）。論争までの二人の足取りを簡単にたどっておこう。(4)

イギリスの社会政策研究の主流はフェビアン主義の流れであるが、ティトマス（Richard Titmuss, 1907–1973）亡きあと、タウンゼントはその代表格と言っていいだろう。タウンゼントはケンブリッジで学んだのち、貧困測定についての研究に従事する。イギリスでは第二次大戦中に『ベヴァリッジ報告』が出され、戦後の労働党政権のもとで、福祉国家建設が進んでいた。その熱気が未だ冷めやらず、貧困は福祉国家の進展によって早晩解消される、という楽観が支配的であったこの時期に、タウンゼントは貧困の研究を始めたのである。一九六〇年代に入ると、すでに貧困は解消されたとの気分のもとに、福祉国家の行き過ぎが非難されるに至る。これに対して「貧困の再発見」がなされるが、その一翼を担ったのが、一九六五年に出版されたエイベルスミスとタウンゼントの共著『貧困者と極貧者』である。この本は、一九五三年から一九六〇年にかけて貧困が増加していることを明らかにし、衝撃を与えた。一九六三年からエセックス大学の社会政策教授となっていた彼は、これと前後して「絶対的貧困」観を批判し、「相対的剝奪」という概念を提唱する。その概念に基づいた実証研究を進め、一九七九年に大著『連合王国の貧困』として出版される。

他方アマルティア・センは一九三三年にインド、ベンガル地方に生まれる。九歳の時に多数の死者を出したベンガル飢饉が起こる。ケンブリッジで学び、ハーバード大学の経済学・哲学教授などを経て、現在はケンブリッジに戻っている。彼の経済学者としての経歴の華やかさは、なんといっても社会的選択理論の分野におけるものであるが、他方で、貧困や不平等の問題に関心を持ち続け、またそれを十分に扱えない経済学への原理的批判を行なおうとしてきた。一九七三年に『経済的不平等について』を発表、必要を選好と解釈する新古典派経済学を批判、一九八〇年には「何の平等か」で、必要を能力（capability）と解釈することを提唱する。一九八一年にはインドの貧困問題を論じた『貧困と飢饉』を著している。

この二人の「出会い」＝論争は、一九八三年にセンが *Oxford Economic Paper* 誌上に発表した論文「相対的にいって、貧しい」でタウンゼントを批判したことに始まる。一九八五年に同誌上で、タウンゼントが反論し、それにセンがコメントを寄せる。以上がセン-タウンゼント論争の経過である。

3　二つの貧困の定義

さて論争に入る前に、これまでの貧困の定義と測定の歴史について簡単に振り返っておこう。(5) イギリスで一九世紀末の大不況による大量失業の発生を背景として、世紀転換期に、これまで個人の問題と見られていた貧困が、社会問題として捉えられるようになる。(6) こうした中、ブースとラウントリーの貧困調査が行なわれる。彼らは生物学的・栄養学的に生存に必要なものを生活必需品とし、それを金額に換算し貧困線を算定した。このように生存維持レベルでの肉体的効率で貧困を考えるのが、いわゆる「絶対的貧困」である。この方法での調査は一九五〇年にもラウントリーによって行なわれ、福祉国家のもとで貧困は消滅するという楽観論に棹さす。

これに対して、実際に持続する貧困を捉えるために、タウンゼントの「相対的剝奪」など「相対的貧困」が提唱され、「貧困の再発見」が行なわれる。以降、福祉国家下で問題となるのは「相対的貧困」であると整理される。

以上が、福祉国家における議論の文脈であるとすれば、他方第三世界を対象とする議論の文脈では、以上のような「相対的貧困」に対して、七〇年代に「絶対的貧困」が「発見」される。そのメルクマールは一九七三年、ナイロビで開かれた世界銀行総会でマクナマラが行なった総裁演説である。この時提唱されたのが「人間の基本的必要」(Basic Human Needs) 戦略である。(7) これは八〇年代に一旦は構造調整政策に席巻されてしまう。そこでは人々の必要は、経済成長によって満たされると仮定された。しかし九〇年代に入って、国連開発計画 (UNDP) によって提唱されている人間開発 (Human Development) アプローチは、「人間の基本的必要」戦略の復権・発展とも言うべきものだ [Streeten 1995]。これにセンも関わっている。

このような背景からすれば、セン－タウンゼント論争は、タウンゼントが「相対的貧困」を主張し、これに対してセンは「絶対的貧困」を主張しているもの、と思われよう。事実そのように思われてきた(8)。しかし論争を実際に読んでみるとそうではない(9)。二人は「何が貧困か」については同じ土俵に立っており、論争点はむしろ別のところにある。このことを理解するために、次節で一人の経済学者にご登場願おう。

4　アダム・スミス

アダム・スミスの『諸国民の富』に次のような一節がある。

私が必需品というのは、ただ生活を維持するために必要不可欠な商品ばかりではなく、その国の習慣上、最下層の人々でさえ、それなしには信用のおける人として見苦しくなってしまうような、あらゆる商品をいう。たとえば、亜麻布のシャツは厳密に言えば生活必需品ではない。ギリシャ人やローマ人は、亜麻布などがまったくなくても、きわめて快適に生活していた、とわたしは思う。ところが、現代となると、ヨーロッパの大部分をつうじて、信用のおけるほどの日雇労働者なら、亜麻布のシャツを着ないで人前にでることを恥じるであろう。……イングランドでは慣習上革靴が生活必需品になってきている。どれほど貧乏な男女でも、信用のおける人なら、それをはかずに人前にでることを恥じるであろう。[Smith 1950：訳第4分冊 329]

これは消費税について論じ、消費税をかけるべきでない必需品について述べている箇所である。「なぜ貧困理論でスミスが？」と怪訝に思われるかもしれない。しかしこの記述にタウンゼントもセンも頻繁に立ち返っているのである。タウンゼントは、ラウントリー流の「絶対的貧困」へ異議を申し立てるときに、「相対的貧困」論の先駆者としてスミスの名を挙げている。他方、センも「公共の場に恥ずかしくなく現れる必要」を主張し、その論拠としてスミスの上述の箇所をよく引用している。

つまり、タウンゼントもセンも、貧困を社会的、文化的次元で捉えるという点では（つまり「相対的剝奪」を貧困と認める点では）、共通の土俵に立っているのである。それではセンは何を主張しているのだろうか。

5　二つの「相対的貧困」とタウンゼント

センの主張を検討する前に、もう一つだけ回り道をしておかなければならない。「相対的貧困」とはどのような概念だろうか。ここで明らかにしておきたいのは、いわゆる「相対的貧困」とタウンゼントの「相対的剝奪」との差異である。「相対的貧困」とは、通常、社会構造のあり方、所得分配の不平等などが引き起こす社会的不公正を問題化するものである。そのため一般には「不平等」に近い概念として理解されている（本稿では「相対的貧困Ⅰ」と呼ぼう）。ここでは「絶対的」な規範から貧困が裁断されるというより、他者との比較によって「相対的」に貧困が認知される。このような相対的貧困論を固有名で代表させる場合、よくタウンゼントの名が第一に挙げられるが、彼の議論は実はこのようなものではない。

タウンゼントは確かに自らの貧困概念を「全くの相対性」と特徴づけている。

貧困は相対的剥奪（relative deprivation）概念の視点からのみ客観的に定義づけられ、かつ一貫して矛盾すること無く使用され得るものである。……その語は主観的というより客観的なものと理解される。個人、家族、集団は、その所属する社会で慣習になっている、あるいは少なくとも広く奨励または是認されている種類の食事をとったり、社会的諸活動に参加したり、あるいは生活上の諸条件や快適さを保持するために必要な諸資源を欠いているとき、貧困の状態にあるとされる。彼（女）らの資源は、平均的な個人や家族が自由にできる資源に比べて、極めて劣っているために、通常の生活様式、諸慣習、諸活動から事実上排除されている。［Townsend 1979：31］

剥奪は客観的・実証的な不利益（disadvantage）の状態として定義され、その不利益は、個人、家族、集団が所属する地域共同体、より広くは社会、国家（nation）で相対的なものである。

［Townsend 1987：125］

表1　剥奪指標

特　性	人口における％
1．この1年に家以外で1週間の休日を持たなかった。	53.6
2．(成人)この4週間に親戚か友人に家庭で食事をふるまわなかった。	33.4
3．(成人) この4週間に親戚か友人と外で食事をしなかった。	45.1
4．(15歳以下の子供)この4週間に、友人と遊んだりお茶を飲んだりしなかった。	36.3
5．(子供) 最近の誕生日にパーティーをしなかった。	56.6
6．この2週間に午後や夜に娯楽で外出しなかった。	47.0
7．1週間に4日以上新鮮な肉を食べなかった。	19.3
8．この2週間に調理した食事を食べなかった日が1日以上あった。	7.0
9．週のほとんど、火を通した朝飯を食べなかった。	67.3
10．世帯に冷蔵庫がない。	45.1
11．世帯で通常（4回に3回）日曜を一緒に過ごさない。	25.9
12．世帯が以下の4つの設備を室内で単独の部屋として備えていない；水洗便所、洗面所、ふろ・シャワー室、ガス・電気調理室。	21.4

（出所）［Townsend 1979 : 250］

しかし他方で彼は自らの貧困の定義は、不平等と異なることを力説している。その論理構成はこうだ。例えば**表1**のような剥奪指標をとる。所得が低くなれば、該当する剥奪指標の数も多くなるが、タウンゼントによれば、急激に剥奪指標の数が多くなる、ある所得水準があるという（**図1**）。これ以下が貧困であるから、それは所得格差の存在という不平等一般ではない。

ところで一般的にいって、不平等一般から貧困を分けるものは、ある種の絶対的価値判断である。タウンゼントの場合、一見そのような絶対的な価値判断なしに、不

図1 剥奪と所得水準

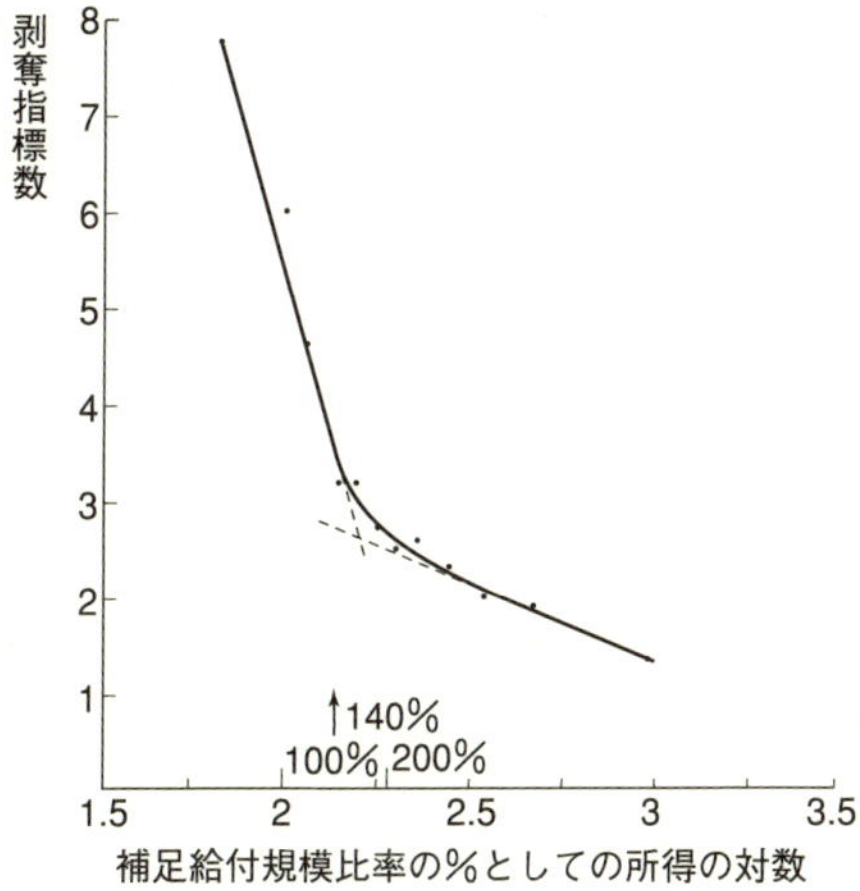

（出所）［Townsend 1979：261］

平等と貧困との違いが確定されているように見える。しかし剥奪指標の設定は規範的なものであり、彼の場合も実際には「絶対的に許容し得ない」という価値判断が含まれている。T・H・マーシャルが指摘するように、タウンゼント流の「相対的貧困」（本稿では「相対的貧困II」と呼ぼう）にはある種の絶対性が含まれているのである［Marshall 1975：訳 275］。この立場を、マーシャルは「「相対的に絶対的」（relatively absolute）な観点から貧困を定義するもの」と呼んだ［Marshall 1981：訳 77］。

このような「相対的貧困II」＝「相対的剥奪」は、不平等に近い「相対的貧困I」＝「いわゆる相対的貧困」とは異なる。この違いはこれまで注意されず、両者は混同されてきたが、ここではこの違いに注意して、二人の論争を読み解いてみよう。

6　センの主張

センの主張は、第一にこの分岐をしっかりつけろということである。

他の人々より相対的に少なく達成することと、……絶対的に少なく達成することとの相違。［Sen 1983：155-156］

このセンの言葉は、前述のような「絶対的貧困」を主張しているのではない。そうではなくてマーシャルの指摘した「規範性」＝「絶対性」の存在を別の言い方で言っているものである。ひとの必要をセンはこの絶対性において把握する。

このため「能力（capability）」という概念を導入する。**図2**を見て欲しい。たとえば自転車という財は、移動手段という特性を持っている。自転車を持つことはひとに、それなしではできないかもしれないある仕方の移動する能力を与える。それゆえ自転車の移動手段としての特性はひとにある仕方で移動する能力（capability）を与える。もしひとがそ

図2　能力（capability）

財 commodities（自転車）
↓
特性 characteristics（移動手段）
↓
機能する能力 capability to function
↓　（移動する能力 ability）
効用（移動からの快楽）

（出所）［Sen 1983］の記述をもとに作成。

のような移動を求めたり、そのことを喜ばしいものと思うならば、その能力（capability）はひとに効用ないし幸福を与えるかもしれない[10]。

このような対比をするとき、財に注目するタウンゼントら社会政策学者や、ロールズの議論と、効用に注目する新古典派経済学者や功利主義倫理学者の議論とを、センが両睨みで意識していることは言うまでもない。そしてひとの必要は、財や効用ではなく、能力（capability）として把握されなければならないと主張する。なぜならまず、財の所有ないし利用可能性それ自体は、ひとが実際にできることを教えてはくれないからである。たとえば身体障害者の中には自転車を使うことができないひとがいる。他方、効用は、心理的側面についての概念だから、たとえば快活な貧農より、憂鬱な金持ちの方が、貧困だということになりかねない。

さて財とは別に、能力（capability）という概念を持ち出すことで、センは貧困の概念化をめぐる絶対‐相対論争を次のように整理する。

> 貧困は能力（capability）の領域（space）では絶対概念であるが、財ないし特性の領域ではしばしば相対的形態をとる。[Sen 1983 : 161]

先に引用したA・スミスの事例で説明すれば、「必要」＝「能力（capability）」は恥を避けることである。そのための「財」はこの場合一足の革靴である。より豊かな共同体では、同じ能力（capability）のための財要求は増加するだろう。それゆえ財領域（space）では、恥を避けるという形の貧困回避は多様な財の集合を要求する。相対的なのはこの財の集合である。

タウンゼントも先述のように「規範的」＝「絶対的」判断を前提しているから、両者の間に原理的には衝突はないことになる。

タウンゼントが「共同体の活動に参加する」ことができるために要求される資源を見積もるとき、実際には、同一の絶対的必要の充足のための多様な資源要求を見積もっているのである。［Sen 1983：161］

センの二番目の主張は、このセン＝タウンゼントの立場を「絶対的」と呼ぶことである。

センの主張の第三は、財やサービスの支配権から、能力（capability）への支配権へ焦点を移すことで、財を能力（capability）に変換する際の個人間の偏差（先述の障害者にとっての自転車など）を射程に入れることができるということである。障害や老齢によるハンディキャップや、民族・宗教上のマイノリティーであることといった社会や共同体内部の「差異」を貧困理論に内在化することができるというのである。

7 タウンゼントの反論

実は残念ながら、センとタウンゼントの間の「対話」はあまり成功していない。タウンゼントは一九八五年に反論をまとめる。そこでセンの第一点目の主張に対して一定の理解を示しているような箇所もあるが、結局センを「絶対的貧困」に拘泥する「最低限主義」と見なしてしまう。したがって第二点目のセンの主張は、単なるラウントリーへの先祖返りということになる。第三点目に関しては全く言及されていない。

しかしタウンゼントの反論の中には非常に重要な指摘がある。それは必要の社会的構築性という問題である。

> 必要のタイプはセンの意味での能力（capability）でさえも、社会的につくられたものであり、そのことを考慮にいれて同定し計測しなければならない。人間の必要は本質的に社会的であり、生活水準と貧困のどのような分析もその事実から始めなければならない。［Townsend 1985：667］

そしてセンのような新古典派経済学出自の個人主義では、この必要の社会的構築性を説明できないというのである。

8　一応の評価

第一点目についてはセンに軍配を挙げざるをえないのは明らかであろう。しかし第二点目については、留保なしにどちらかに軍配を挙げるというわけにはいかない。というのも絶対的か相対的かが問題にされる点は二つある。一つは財の領域での貧困線が可変的か固定的かという意味での絶対‐相対性。もう一つは能力（capability）という領域を置くにしろ置かないにしろ、必要を同定する価値判断が絶対的になされるかどうかという点である。図示すると**図3**のようになる。

タウンゼントとセンの理論構成では、前者（**図3**の①）では相対的だが、後者（②）では絶対性を持っている。このため、一義的に「絶対的」、「相対的」と名付けることはかえって混乱を招くように思われる。タウンゼントがもしここまでを認めたとしても、「絶対的」と呼ぶことが、ラウントリーの亡霊を呼び寄せる危険を警戒して嫌がるだろう。[11] 他方、センが「相対的」という呼称を嫌がるのは、それが安易な文化相対主義に陥る危険性を孕んでいるからだろう。

センの三番目の主張については、タウンゼントが全く無視しているということもあり、論争の評価として述べることは相応しくない。しかしこの主張は射程の大きな問題提起であり、稿を改めて検討したい。[12]

それではタウンゼントの指摘する必要の社会的構築性という問題は、どうであろうか。この点につ

図3　貧困理論と絶対－相対概念

	①貧困線	②必要
ラウントリーの絶対的貧困論	絶対的	絶対的
タウンゼントの相対的剥奪論＝センの能力（capability）アプローチ（相対的貧困II）	相対的	絶対的
いわゆる相対的貧困論（相対的貧困I）	相対的	相対的

いて確かにセンの理論は万全ではない。センは直接この問いに応答していないが、おそらく社会的構築性は財の領域の相対性を認めることでクリアしていると答えるだろう。しかしセンが「絶対的」＝「本質的」と考える能力（capability）でさえも、その社会的構築性から逃れられまい。たとえばスミスの事例での「公衆の前に恥じなく現れる」必要＝能力（capability）にしても、そもそも「公衆 public」自体、自明のものではない。

しかしこのような根源的な問いは、タウンゼントの主張するように単に新古典派的な個人主義を捨てるだけで解決が着く（「経済学」対「社会学」）のだろうか。実際にはそれにとどまらず、本質主義（essentialism）か、構築主義（constructionism）かという認識論上の問題を提出していないか？こう考えるとタウンゼントにしても本質主義を捨て去っているわけではない。実際「貧困」などという概念を無意味にしてしまう完全な相対主義、構築主義の立場はありうる（たとえば、いわゆる「相対的貧困」）。しかしタウンゼントはその立場を否定しているのだ。

9　未解決の問題

結局タウンゼントにおいても社会的構築性の問題は解決されているとは言い難い。そもそも貧困の定義と測定を試みながら、完全な構築主義を取ることは可能だろうか。何らかの本質主義を戦略的であるにせよ、取らざるをえないのではないか？　もちろん「貧困の定義と測定」に拘泥すること自体を退ける立場もありうるだろう。しかし、センと同じく第三世界出身の知識人サイードの次のような叫びに耳を傾けるとき、財領域での相対性、社会的構築性を認めつつも、能力（capability）という本質的領域を設定し、そこでの絶対性を主張することで、普遍的基準の構築を模索するセンの営為に、私たちも関与（commitment）していくことが要請されているのではないだろうか。必要の社会的構築性とその評価の普遍的基準の可能性との緊張関係が、問題として私たちの前に開かれているのである。

普遍性の意識とは、リスクを背負うことを意味する。わたしたちの文化的背景、わたしたちの用いる言語、わたしたちの国籍は、他者の現実から、わたしたちを保護してくれるだけにぬるま湯的な安心感にひたらせてくれるのだが、そのようなぬるま湯から脱するには普遍性に依拠するというリスクを背負わなければならない。いいかえるとこれは人間の行動を考える際、単一の基準となるものを模索し、それにあくまでも固執するということである。……社会政策を考えるとき、これが、ゆるがせにできない問題となる。[Said 1994：訳 9-10]

この普遍的基準という問題に関連して、二人の直接の論争点ではないが、「貧困理論」そのものの持つ射程に関わる問題を、論争のテキストから二点読み取っておきたい。一つは、貧困理論に内在する他者による表象＝支配と、他者による絶対的判断の必要性との間にある緊張関係である。これは、先述の緊張関係と重なり合うものだが、貧困の同定という作業自体の危うさによるものである。この作業は、アレントのいう「諸権利を持つ権利」[Arendt 1951：訳第2巻 281] つまり、自分の言葉を言葉として聞き取られる権利への侵害 [田崎 1996：140] という側面を持っている。しかしすべてを「政治」の領域に流し込むわけにもいくまい。たとえば少数者の政治的勝利は、他者による絶対的価値判断を担保することなしにはありえない。この緊張関係こそが、センをして「自己評価」を無視する功利主義批判へ赴かせ [Sen 1987 など]、普遍主義の挽き臼に挽かれたサイードに「新しい普遍性」[Said 1993：訳 19] を語らせるのである。これらの試みはまだ始まったばかりであり、共に関与していくべき未決の問いとして残されている(13)。

もう一つは社会とは何かということに関わる問題である。というのもタウンゼントやセンの理論化の試みは社会横断的な、普遍的な比較を展望しているからである。この場合に一番手っ取り早いのは、固定的な「社会」を前提し、各社会の所得分布を比較するようなアプローチであろう。しかし世界システムと切り離された社会を想定する方法こそ、サイードらが批判する「オリエンタリズム」そのものである。この点についてはタウンゼントは完全に失格だろう。彼の「社会」は国民国家とほぼ同義である。センが自身たびたび言及する「社会」や「共同体」をどのように認識しているか、実は明らかではない。彼と同じインド出身で、センのアプローチをもとに実証的測定に取り組んでいるデサイはこの点に関して自覚的である。しかしその上でデサイは次のように自分の立場を限定する。

我々の目的にとっては、能力（capability）のより良い提供のために、財政負担が計算されねばならない文脈で、経済の観点から社会についての狭い見方をとることが出来る。少なくとも現状では国民経済がそのような単位である。貧困測定という実践的目的のために、我々は社会を国民経済に同定する。［Desai 1995：196］

結局現状では貧困理論の射程と、「国籍」をも「資源」であると喝破する鄭(14)［鄭・上野 1993］や、トリンの次のような語りとの距離は正当に認識しておかなくてはならないだろう。

……「テントから掘っ建て小屋へ」移ることを拒絶するのは、あるかたちの剝奪から別のかたちの剝奪への移行の拒絶であるのみならず、一過的居住すなわち抵抗という形態から定住すなわち服従という形態へとだまされるがままに移ってゆくことへの拒絶でもある。よりよいサービス、

それはよりよい管理でもあるのだ。［Trinh 1994：訳 46］

10 最後に

以上、いささかすれ違いがちな二人の論争から、私なりに三つの問いを掘り起こし、提出した。いずれの問いも冒頭で述べたように「超学的探求」を要請していよう。これに応えるためには、社会政策的思考の出発点である「必要」について、根底的に考え直さなくてはならない(15)。これはもはや別稿の課題である。

（1）本稿は修士論文［山森 1997a］の第II部を大幅に改稿したものである。修士論文作成過程で、大阪市立大学大学院の脇村孝平の演習（アジア経済史）、京都大学経済学部および文学部での川本隆史の集中講義（「制度経済学」および「倫理学特殊講義」）に参加できたことに多くを負っている。とりわけ前者での松井名津（社会思想史）はじめ演習出席者との討論から多くを教わった。改稿後、斎藤純一（政治思想）、中村健吾（社会思想史）、矢野泉（教育学）、湯浅典人（社会福祉学）、脇村孝平には、原稿に目を通して頂き貴重なコメントを頂いた。また〈文化〉論研究会では発表の機会を頂いた。ここに記して感謝の意を表したい（以上敬称略）。

（2）必要は英語圏の社会政策では鍵概念であるが、日本では概念的検討はあまりなされず、「必要原理」なき福祉国家のもとで、「ニード」、「ニーズ」なる外来語が盛んに流通している。この辺りの事情については［武川 1991, 1996］［山森 1998b］参照。

（3）社会政策の規範理論の展開は私の今後の課題である。さしあたり［山森 1998a］参照。

（4）二人の経歴・業績の紹介が本稿の課題ではないから、以下は論争に関わる限りでの簡単なものである。詳しくは、タウンゼントについては［小沼 1974］［杉野 1995］などを、センについては［川本 1995］［鈴村 1995］などを参照。

（5）ここも研究史の詳細をたどることは本稿の課題ではない。邦文でのまとまった研究としてはたとえば、福祉国家における文脈については［毛利 1990］、第三世界の文脈については［植松 1985］など参照。

（6）また、アフリカにおける植民地争奪戦による他者との出会いが、人類学的まなざしを生み出し、その視線が、当時の労働者階級の「普通の暮らし」を「貧困」と同定することとなった側面も重要であろう［杉野 1991, 1995］。

（7）「人間の基本的必要」戦略についてはさしあたり［植松 1985］参照。

（8）たとえば［Novak 1995］［Mitichell 1991］［Atkinson 1989］。数少ない例外が［Alcock 1993］や［Desai 1995］だろう。しかしアルコックは、センの議論は社会的価値をめぐる哲学的なもの、として受け入れない。これは社会政策の領域を不当に狭め、論争の問いかけを無視するものと言えよう。

（9）賢明な読者は上述の説明ですでに、二人の相違点よりも一致点、すなわちそれが「福祉国家」であれ、自由市場がもたらす（とされる）「経済成長」であれ、あるシステムが貧困を自動的に解消するという時代の支配的な思考に、異議申し立てをしようとしている点に目を向けているかもしれない。

（10）この議論は後に精緻化されて、ここで能力（capability）と呼んでいるものを「機能 functionings」とし、その選択肢の集合が能力（capability）と名付けられている［Sen 1985］。なお capability の訳語については、「潜在能力」、「能力」、「生き方の幅」などがある。最も流通しているのは「潜在能力」であるが、誤解を招きやすい訳である。センの含意を最もうまく表現しているのは川本による「生き方の幅」という表現であると思われるが、本稿の文脈ではいま一つしっくりこない。苦肉の策で本稿では「能力（capability）」とした。「能力」では capability が ability と possibility の双方の意味を含んでいることが捨象されてしまうが、本論文で触れた論争の段階では、possibility に関わる含意は未だ展開されていないから許されるのではないかと思う。

(11) 時あたかもイギリスではサッチャリズムが吹き荒れ、「真の必要」にのみ社会保障制度を限定しようとする「最低限主義」の言説が幅を利かせていた。もちろんタウンゼントのいささか性急な、センの「絶対性」への拒絶反応は、この文脈抜きでは考えられない。

(12) さしあたりの検討は［山森 1997a］第Ⅲ部で行なった。タウンゼント流の貧困測定が多様性に鈍感であるという趣旨の批判は他にもあるが、タウンゼントの積極的な側面を引き受けながら議論している点でセンの議論は注目に値する。

(13) この点については、注(12)の論点とともに別稿で展開したい。

(14) 「国籍」を「資源」と把握することの、社会政策における意味・重要性については［山森 1997b］で簡単に述べた。

(15) 一番目の問いについて、フレーザー［Fraser 1989］の「厚い」必要と「薄い」必要という表現を借りて、図式的に言えば、普遍的な必要は非常に「薄い」ものであり、政策には役に立たず、他方文脈依存的な必要は「厚い」ものだが、普遍性を持たないというジレンマである。二番目の問いについて、他者による表象＝支配を正面から受け止めた、一つのラディカルな提起として、フレーザーの「必要解釈の政治／闘争」［Fraser 1989］がある。三番目については、財政負担といった政策的文脈とは一旦は切り離して、必要や福祉を考えることが要請されると同時に、「必要」といった規範的な概念を根拠づける「社会的標準」の生成を系譜学的にたどりながら脱構築していく作業が不可欠だろう。

⑥ ビジネスにおける倫理的まなざし
――企業の道徳的責任について――

●田中朋弘

1 はじめに
――単なる手段としての他人の人格?――

製品の品質管理体制の強化と、医薬品の研究・開発における不正行為の撲滅。このようなスローガンを掲げて、株式会社ミドリ十字の副社長が「古い体制からの脱皮」を誓ったのは、「人工血液事件(1)」収束後の一九八二年のことであった〔毎日新聞大阪本社 1983 : 201〕。この副社長は、厚生省局長時代の一九七四年に「サリドマイド事件」の和解の席で、薬害を二度と繰り返さないと誓った当の人物である。

だが、これが全く形だけであったことは明らかである。くだんの「脱皮」が行なわれた一九八二年とは、アメリカではCDC（米国防疫センター）によって血液製剤によるエイズ感染の危険が指摘された年、つまりまさに「薬害エイズ事件」の幕が開こうとしていた年である。この年の一二月には同センターによって、血液や非加熱の血液製剤によってHIVウイルスに感染する危険が極めて高いことが報告されていた。しかし、厚生省によって加熱製剤が一括承認される一九八五年七月までこの非加熱製剤は公然と売り続けられ、しかも残りの多くは承認後も回収されることなく使用され続けた。こうして、株式会社ミドリ十字をはじめとして、化血研（財団法人・化学及血清療法研究所）、バクスター株式会社（旧・トラベノール社）、バイエル薬品株式会社（旧・カッター社）、日本臓器製薬株式会社の販売する非加熱製剤によって、約二〇〇〇人に及ぶ血友病患者がHIVウイルスに感染した。(2)

この事件におけるわれわれの憤りは、HIVウイルスに感染する危険が極めて高い血液製剤を、それと知りながら売り続けた製薬会社の行為に収斂する。これに対して製薬会社側は、衆院厚生委員会の席において、被害を与えた事実については謝罪・賠償するが、それらは意図的行為の結果ではない旨を主張していた。

企業は確かに自由市場の中で利益追求を目的とする。しかしその目的は、他のすべてを犠牲にしてでも達成されるべきものなのか。企業が従うべきなのは、法や規制だけなのか。いや、そもそも企業の道徳的責任とは何なのか。われわれは否応なしにこのような問いへと導かれる。そして、このような具体的な問題に答えようとすることにおいてこそ、逆に道徳性そのものへの問いが顕在化するとは言えないだろうか。(3)

2　ビジネスの論理

ここでは基礎的作業として、アメリカの「ビジネス倫理学」(Business Ethics)[4]で論じられているいくつかの見解を検討しながら、考察を進めることにしたい。まずは、企業には法的責任[5]しかないと考える立場と企業は法的責任と道徳的責任の両方を引き受けなければならないと考える立場との対立を考慮に入れる必要があるだろう。

前者の代表としては、「キャンペーンGM[6]」を強く批判した経済学者として知られているフリードマン(Friedman, M.)がいる。「ビジネスの社会的責任は利益を増大させることである」[Friedman 1970：55-60]という小論の中で、フリードマンは次のように主張する。(a)企業は法人(artificial person)でありその意味で人為的(artificial)な責任を持つかもしれない。しかし本来責任を持つのは人間のみである。(b)企業経営者の「社会的責任」とは、開かれた自由な競争に従事し、しかも詐欺行為のようなゲームの規則違反をしない限りにおいて、株主の利益を極大化するという責任だけである。(c)ビジネスマンは、もし仮に株主の利益を極大化させる以外に社会的責任というものがあったとしても、それが何かを知ることはできないし、何が社会の利益になるかを決定することはできない。(d)ビジネスの目的以外で、チャリティー活動などの支援をすべきではない。そのような行為は、自由企業社会における企業資金の誤った使い方である。それはむしろ、個人によってなされるべきである。

このようにフリードマンの主張は、ある意味では極めて明快でわかりやすい。要するに彼は、いわゆる「古典的自由主義」の信奉者なのである。(7)

フリードマンは、企業の責任の事例を慈善の義務にのみ限定して議論している。しかし、これはあらかじめ他の責任を排除した議論をしている点で問題がある。伝統的な倫理学上の区分を用いれば、道徳に関しては正と善という二つの価値が考えられるからである。「薬害エイズ事件」の例からもわかるように、企業の社会的責任論が真剣に社会の側からの要求として立ち現れてくるのは、むしろ社会的正義が企業によって犯され、しかもそれを法的に裁くことが容易でない場合の方がはるかに多い。

このような例としては、「フォード・ピント事件」(8)がよく挙げられる。この時にフォード社は、車の欠陥による生命保険料や損害賠償料の総額を利益と天秤に掛け、経済的視点から合理的に後者を選択したと言われている。このような態度には、「法の範囲内でならいかなる経済追求も許される」という考え方が如実に表れている。

しかしわれわれは、現代の企業が法や規制を左右することが可能なほど力を持っていることに注意を払う必要がある。「フォード・ピント事件」では、フォード社が強力なロビー活動によって安全基準に関する法案成立を妨げ被害を拡大させたことが有名である。そして「薬害エイズ事件」においても、加熱製剤を認可するための検討機関である厚生省エイズ研究班の班長が、ミドリ十字社のために認可を遅らせたこと(9)をはじめとして、さまざまな疑惑があった。つまり、利益と生命とを天秤に掛けた極端な例として、「薬害エイズ事件」はまさに、日本の「フォード・ピント事件」だと言ってよいのではないだろうか。

このように、ビジネス活動を道徳と無関係であると見なす考えは、ビジネスに関わる多くの人々が持つある種共通の心理的なイメージを補強するものであると言われる。ディジョージ（De George, R. T.）はこのようなイメージを、「ビジネスの没道徳性の神話」（The Myth of Amoral Business）［De George 1995 : 5］と名づけ、それは単に現にそう信じられているだけの、あるいは人々がそう信じたがっている「神話」に過ぎないことを指摘する。[10] だが厄介なのは、企業自身が社会に対して、このような自分の姿勢を明示的に示すことはほとんどないということである。つまりこのような姿勢は常に秘められたものになる。なぜなら、既存の道徳的規則に一応従っているふりをしながら、密かにそれに「タダ乗り」する場合が、最も利益を増大するチャンスを生むと考えられるからである。現状においてわれわれは、何か抜き差しならない事態が生じたときに初めて、当該の企業がそのような方針を採用していたことを窺い知ることができるに過ぎない。

古典的自由主義を信奉するフリードマンのような論者は、そもそも規範倫理学が従来問題としてきた地点を超えたところで議論をしている。したがってわれわれはここで、「合理的な利己主義者にどう対応するか」という問題、あるいは「なぜ道徳的でなければならないか」[11] という問いに直面することになる。

この問いに対しては、相手も道徳的存在であることを説明することで、この価値への自発的参与を説くというアプローチがまず考えられる。曰く、企業はそもそも、古典的な自由主義者が主張するように、株主の利益のみを目的として造られたものではない。むしろその本来の目的は、株主を含めたさまざまな利害関係者（顧客、被雇用者、供給者、出資者、競争相手、政府、地域社会、国家など、企業組織の目的達成活動によって影響を受けるすべての集団や個人）の利益の増大を目指すものである。

しかしこのような考え方に対しては、「自由市場経済にそのような複眼的観点を持ち込もうとしているのは、道徳的責任について勝手に熱中している連中だ」式の批判が想定される。つまり、「なぜ、今さら規則を変えなければならないのか」についての説明が逆に要求されることになる(12)。

これに対してボウィー（Bowie, N.）は、「規則を変えること」[Bowie 1983] という論文の中で、企業が法人化の際に社会との契約関係に入っていることをその根拠として挙げている。彼は、企業が結んだ社会との契約は、道徳的原理において具体化される「信頼(13)」のような条件に基づかなければ成立しえないことから、道徳的規則を一種のメタ・契約として暗黙の同意と見なす。

この場合企業は、道徳的価値を尊重するために一時的に多額の利益を犠牲にしなければならないこともありうるわけだが、これに企業が自発的に応じ、社会の道徳性を配慮した行為をとるようになるならそれに越したことはない。しかし、それが単なる方便でないかどうかは、違反行為がなされない限りは判断できないという点が問題として残されるだろう(14)。

たとえば、業界団体による倫理綱領を例にとってみよう。日本製薬団体連合会は一九八三年九月に

「製薬企業倫理綱領(15)」を策定した。しかしその後も今日に至るまで、薬害は何度も繰り返されてきたし、新薬製造に関する贈収賄やデータの隠蔽・改竄《かいざん》行為はとどまるところを知らなかった(16)。自ら倫理綱領を世間に示し、それに密かに違反するという行為が何を意味しているかは明白である。それは、このような企業を「合理的な利己主義者」と見なさなければならないということではないか。殊にこの「製薬企業倫理綱領」が策定された一九八三年が、当時密かに進行していた「薬害エイズ事件」の渦中であったこととの意味を、われわれは改めて思い起こす必要がある。

3　企業の道徳的な地位(17)

以下においては、企業が道徳的存在でありうるのかという点について、ラッド（Ladd, J.）とフレンチ（French, P. A.）の議論を検討することにしたい。なぜなら、これらの論者は「システム・言語ゲーム」と「人格・行為」という互いに異なった道具立てで議論を構築している点で、企業の道徳性について考える場合の好対照のアプローチをしていると思われるからである。

ラッドは、企業を制度的組織と見なす点が特徴的である。「道徳と、形式的組織における合理性の理想」［Ladd 1970］という論文で、ラッドは以下のように主張する。（a）私的であれ公的であれ、あらゆる種類の官僚的制度（bureaucracies）は、形式的組織（formal organization）である。形式的組織は非個人的であり、不死的である。形式的組織における意志決定は、一種の言語ゲームであり、ゲームの外の基準には無関係である。(b)形式的組織における意志決定とは、個人ではなく組織それ自体に帰せられるべき「社会的決定」である。そして組織の言語ゲームにおける目標とは、目標達成の有効性、つまり「合理性」のみである。したがって、組織の内部にいる人間は、個人的道徳性と組織の合理性という二重基準を生きなくてはならず、そこから「疎外」(alienation)が生じる。(c)形式的組織は論理的に道徳的ではありえず、道徳的人格や道徳的責任を持たない。個人の道徳性を形式的組織の意志決定に反映させる手段は、それを法律や世論のような何らかの圧力、つまり「制限的操業条件」(limiting operating condition)に変えるしかない。

ラッドは、企業という形式的組織は経済的合理性が目的となっている以上論理的に道徳的ではありえず、絶えず組織の合理性と個人の規範とのずれが生じることを認める点でフリードマンの考え方を補強しうる議論を提出しているように見える。しかし彼は、道徳性を企業の意志決定に反映させる方法を示唆する点で、フリードマンの主張とは一線を画する。つまり、仮に企業自体が本性上道徳的存在ではないとしても、社会の道徳性を配慮させることは可能だということが、われわれの議論にとって重要であるように思われる。

形式的組織は一つないしは複数の目的を持つということが、形式的組織の意志決定という一種の言語ゲーム内の規則だとラッドは考える。だが、この規則自体が修正されたり、変更されたりすることはありえないのだろうか。形式的組織の意志決定構造を言語ゲームと見なすとすれば、経済的合理性の追求という規則を規則たらしめているのは、組織内部でその規則を用いて行為を規制し、評価しているという事実のみだということになるはずである。そうだとすればなるほど外部から、あるいはゲームの参加者が、意のままに直接規則を変更することはできないかもしれないが、別の規則が事実化するという可能性はありえないのか。つまりゲームの目的が、経済的合理性のみではなく、社会の道徳性をも含んだものに変わるということはありえないのだろうか。さらにラッドは、形式的組織を厳密に自己完結的な閉じたシステムと考えているようだが、形式的組織が完全に閉じているかどうかは組織論者の間でも意見が分かれるところではないかと思われる(18)。

企業を形式的組織と考えその道徳性を否定するラッドに対して、フレンチは、企業を意図的行為主体として考えることによって道徳的人格として扱うことが可能であると言う。つまりこれは、従来人間にのみ付与されていると考えられていた人格概念を捉え直そうという試みである。「道徳的人格としての企業」[French 1979] という論文におけるフレンチの主張は以下のようなものである。(a) ローマ法の伝統からもわかるように、生物学的な実在は必ずしも人格の概念と必然的に連関しているわけではない。(b) 帰責 (responsibility ascriptions) という行為は、「第一類の帰責」と「第二類の帰責」に分類できる。「第一類の帰責」とは、発話者が誰かや何かに対して、その人の行為や特定の出来事が不適切だという意を表明する発話である。他方「第二類の帰責」とは、「その主体の行為を出来事の原因と見なすこと」と「問題の行為がその主体によって意図されたこと、あるいはその出来事が、主体の意図的行為の直接的結果であったこと」という二つの連言からなる。この帰責は「第一類の帰責」が持つ性格に加えて「説明義務」(accountability) の概念、つまり「返答する責任がある」(liability of response) という概念を含む。(c) 道徳的な人格とは、この第二類の帰責に関わる消去不可能な主体 (subject) であり得るような、何らかの固有名詞あるいは特定の記述の指示対象である。(d) 企業の意図性 (intentionality) は企業が、その構成員の個人的意図や行為とは異なった、企業の内的決定構造を持つことによる。

(a) からもわかるように、フレンチはまず、人格概念が必ずしも生物学的な実在を伴う必要がないということからスタートする。この主張は少なくとも、「身体性」の欠如を問題にしてここでの人格概念を否定する議論を封じ込めることとなるだろう。そして、行為を出来事と捉え、第一類の帰責能力を持つ企業が意図的で因果的な行為の主体として考えられることからこれを道徳的主体として認めるという論旨になっている。しかし、フレンチは自分の議論にディヴィッドソンの因果説 [Davidson 1980] を援用しているにもかかわらず、「身体性」を考慮の外に置いている。ディヴィッドソンの意図的行為者概念が「身体性」を伴うものとして考えられている以上、その条件を切り離す場合それ相応の論証が必要になるのではないか。

また、デイヴィッドソン的な行為の因果説においても、意図的行為が意図した結果にどのように結びつきうるのかという点に関しては論証が成功しているとは思えない以上、これをそのまま用いることには疑問が残る。さらに、フレンチの主張する道徳的人格の要件は、当然ながらそもそも人間にも適用されうるものでなければならないはずだが、その場合の人格には道徳的感情などは含まれないということになる。この見解をとるなら、生命倫理学において人格概念を極めて狭義に解釈する立場の論者に接近することになる。[19]

ただ、フレンチが、帰責概念に「説明義務」という要素を取り入れている点は評価できる。なぜなら、道徳性を要求することは相手に説明を要求することと不可分であると思われるからである。[20]

これに対してディジョージは、「企業とは道徳的な人格か」という点と「企業は道徳的責任を引き受けられるか」という点に、うまく目配りをしている。彼は、「道徳は、合理的存在者が他の合理的存在に影響する限り行為を規律する」[De George 1995 : 124] ということを根拠にして、企業が道徳的価値から独立した存在ではないことを示す。そして、制度的組織は合理的な意志決定手続きに従って合理的に行動すると考えられることから、道徳的な評価を下すことができると主張する。つまり「企業は意図的に行為する限りは、その行動については道徳的に責任を負うもの」[De George 1995 : 126] と考えられることになる。

ここで再び問題となる「企業が行為するか否か」という問題についてディジョージは、組織論者なら企業は行為しないと考えるだろうと推測した上で、それに反論している。特定の企業名を名指すことで、そこで働くすべての人間とその関係や活動をひとまとめに意味することが可能であるから、企業は行動すると主張するのである。ディジョージのこのような主張は、組織論や行為論において問題とされる行為の概念をそれらと同じ土俵で論じようとしたものであるというよりはむしろ、企業に関する常識的把握を重視したものだと言ってよい。「組織ぐるみではない」という常套的弁明が逆照射するように、（企業側の人間も含めて）一般には、企業は何らかの目的行為を「組織ぐるみで」行なっていると考えられているからである。

ディジョージはさらに、企業はそれ自体が目的存在ではないから、道徳的人格ではなく、自然人と同等の権利（たとえば生存権など）を主張することはできないと考える。つまり企業は道徳的人格ではない以上、動機に道徳性を期待できるかは疑わしく、せいぜい道徳的に禁止されていることを実行しないことが期待できるだけだと考えられている。

このように責任を行為主体の意図や合理的意志決定の可能性において考える点で、ディジョージはフレンチに近い立場をとることになる。しかし彼は、道徳的人格の要件を極端に理性的側面に制限して企業もそれに含めようとしたフレンチと異なり、「道徳的人格」と「道徳的に評価可能な対象」とを区別して考える。つまり道徳的感情や身体性を持たなくとも、「道徳的な帰責性を問うこと（＝道徳的問責性）」は可能だと考えるのである。そして、企業が道徳的判断にかなった行為を行なうことは、人々が感情を表に出したり、特定の企業行動に対してリアクションをとるように他の人々を奨励したり、立法化を働きかけたりすることなど、要するに道徳的に圧力をかけることによって可能になると考えられている。道徳性をこのような形に限局することには規範倫理学的な立場からは異論があるかもしれない。しかし、企業の道徳性をこのように捉えざるをえないことから、むしろ逆に、道徳の本性についての示唆が与えられているようにも思われる。

ディジョージのこのような主張は、組織論と行為論に足を取られてそこから一歩も進めなくなるという事態に陥ることなく、現実的に理解可能で、実行可能な線を示すことを主として目指している。

したがって、道徳性そのものを問うという視点は（おそらく）意図的に排除されている。ビジネス倫理学があくまで現実的な問題群の中から生じ、現実的な問題解決を配慮している事情を鑑みれば、このような方針はあながち間違いではないのかもしれない。しかし他方ではこれらの問題群が、道徳に関するいわゆる「基礎論」的な問いを投げかけていることもまた見捨てられてはならないのではないかとも思う。

4 有徳な企業・正しい企業

確かにディジョージのように、いわゆる「適法性」[21]が企業の「道徳的義務」であると考えるわけではないけれども、フリードマンやラッドも、それをいわばある種の条件として引き受けざるをえない状況があることまでも否定するわけではない。つまり根底において、企業は人間と同じ意味での道徳的人格ではないという解釈が共有されているのである。したがってディジョージの考える「企業の道徳的義務」と、ラッドの言う「制限的操業条件」とは、同じコインの表裏であるように思われる。そしてそのいずれも、人間のような動機の道徳性や道徳的感情を根拠にしない以上、道徳的圧力との関係性において発現することになる。つまり企業の道徳性とは、社会の側からの道徳的圧力に常に晒されることによって「それを配慮せざるをえない」という形でしか実現しない、ということになるように思われる[22]。

このように考えると、「ビジネス倫理はペイするか」という議論には、今のところまだ少し留保が必要であるかもしれない。この議論は、「道徳性が要求する価値を配慮することは長い目で見ればペイする」という主張で、ビジネスに倫理が必要であることを説く際にしばしば用いられる。そこでは、企業が道徳に対して積極的に参与することが期待されているわけである。

たとえば最近の例を見てみよう。ミドリ十字社は一連のＨＩＶ訴訟の和解によって、二〇〇億円（試算）以上の損害賠償を負担しなければならなくなった。このことは、企業による反道徳的行為がペイしないということを示すのに十分な例であるように思われる。しかしもし仮に、企業の不正行為による利益が、さまざまな賠償金の総額をはるかに上回っているとしたらどうだろうか。つまり問題は、道徳性の遵守を説得する補強材として「ペイするか否か」という経済性原理を用いることにある。この場合、「ペイしなくなる」ための何らかの社会的装置が厳密に制度化されていなければ、道徳性原理は経済性原理に取って代わられる可能性が強いと考えられる。

したがって、「ビジネス倫理は長い目で見ればペイする」という説得に、今のところビジネスマンが全面的には乗ってこないのも無理はないように思われる。要するに、彼らはまだそれだけの道徳的圧力を感じておらず、ビジネス倫理の経済性に疑念を抱いているのである。そしてこの疑念はあながち見当はずれとは言えないだろう。なぜなら、社会の要求する道徳的原理に従うということには、場合によっては、一方的な利益の犠牲という要素が含まれかねないからである。このような状況を変えてゆくには、業界内部でのゆるやかな強制関係を生み出す「倫理綱領」のあり方を検討する必要があるだろう。つまり、タダ乗りを許さない枠組み作りが要請されているのである。[24]

「薬害エイズ事件」においてミドリ十字社の行為がペイしなくなったのは、企業が自主的に自己開示した結果ではない。それはあくまでこの事件の被害者たちが、泣き寝入りせずに積極的に社会に訴えかけたことによっている。つまり、道徳的圧力をかけ、法的手段に訴えることによって「ペイできなくした」のである。

ビジネス倫理学成立の原動力の一つと考えられる企業の道徳的責任についての議論は、このようにまず企業による犯罪的行為を抑制し、最低限の道徳性を維持することが目的とされるべきである。そして社会的貢献などの「善行」は、カントの言を借りれば「徳の義務」[Kant 1797 : 390-1]、つまりそれを達成しなくても道徳性に違反していることにはならないが達成すれば功績になるような行為として考えられるべきではないだろうか。

そうすると、企業が利益と倫理を両立させうるかどうかという問題は、むしろわれわれの側の自覚と行動に大きく依存することになる。つまり社会の最低限の道徳性を守るために、われわれには、企業が道徳的義務に違反した行動をとらないように絶えず道徳的に圧力をかけ続ける必要があるということなのである。

5　むすび

——問いかけること・問いかけに答えること——

ミドリ十字社は一九九六年五月の衆院厚生委員会[25]席上で、いくつかの質問に対して免責のための弁明を展開した。そこで展開された弁明のうちとくに重要だと思われるのは、まず、加熱製剤の承認前になぜ危険情報の開示と自主回収が行なわれなかったかという点に関する弁明である。これについてミドリ十字社は、当時はウィルスが同定されておらず、エイズと血液の関係を決定的と認識しなかったと答えた。しかし、この説明には自分の証言についての厳密な根拠づけが全く行なわれておらず、ほとんど単なる放言である。これはおそらく、刑事裁判を見据えての戦略だと推測されるが、無過失を主張する以上、当然ながらミドリ十字社側が、当時の判断が合理的であったことを証明する義務があったはずである。委員会でもその証明こそが要求されるべきであった。なぜなら彼らの証拠となる情報は、自らに有利となるように極めて恣意的に切り出されたものだということは明らかだからである。

結局この件に関する情報は、ミドリ十字社の歴代三社長が業務上過失致死容疑で逮捕・起訴され、社内に捜査の手が入ることによって初めて明らかになった。ミドリ十字社は、一九八二年後半にはすでに、エイズと血液製剤との関連を重大視し、専属スタッフを置いて極秘裏にその情報収集に努めていたということである。[26] したがって遅くとも、ギャロ博士によってHIVウィルスが同定された一九八四年四月以降は、HIVウィルスと血液製剤の関連性について、十分な知見を得ていたと判断するのが妥当である。

第二に加熱製剤承認後に、なぜ非加熱製剤の即時回収を行なわず、加熱製剤との使用後入れ替え制にしたのかという点に関する弁明が、問題として挙げられるだろう。ミドリ十字社側の弁明は要約すれば以下の通りであった。

承認後直ちに供給するための製造能力がなく、また血友病薬の代替品もなかった。欠品は医療上支障がでるので、加熱製剤と非加熱製剤の交換という手段をとらざるをえなかった。厚生省の回収命令がない段階では完全な強制回収には無理があった。

製造能力云々というミドリ十字社のお家の事情はさておき、問題は、非加熱製剤と加熱製剤を使用後入れ替え制とした根拠を、「欠品は医療上支障がでる」と主張したことである。これは果たして、正当な弁明だと言えるだろうか。それを言うなら、「欠品はわが社の経営上支障がある」ということだろう。「医療上」という限りは患者の利益が最優先に考えられねばならない。そのためになら、自社製品のシェアを下げても仕方がないと考えるのが「医療上支障のない」措置ではないのか。

そして少なくともこの問題に関しては、すでに次の二つの事実が明らかになっている。

（a）継続出荷問題――非加熱製剤の「承認」が自主的に「整理」（返上）されたのは、加熱製剤一括承認（一九八五年七月一日）後およそ九ヶ月経った一九八六年四月末であった[27]。しかも、承認が残っているということを理由に、加熱製剤承認後の四ヶ月間でおよそ五千本の汚染非加熱製剤を出荷した。

（b）回収の遅れと虚偽の報告問題――厚生省に対して、一九八五年一一月に汚染製剤の回収終了報告をしたが、実際に回収が終わったのは、およそ二年半後の一九八八年四月であった。つまり、実質的にはそれまでの間、市場に出回った汚染製剤は使用され続けたことになる。

このような事実を突きつけられて、まだ相手の善意を信じられるような人はそういないだろう。しかしこれらについて当時の社長は、あくまで担当営業部長が単独で行なった行為で自分は知らないと主張している[28]。まったくうんざりするほどのワン・パターン＝「トカゲのしっぽ切り」である。しかしむしろここでの問題は、これまで企業の反道徳的行為や犯罪行為が、このような処置によって全体としては免責され続けてきたということを、いい加減に本気で見直さなければならないということではないだろうか。そのために、われわれには今、組織内部の個人が担うべき法的・道徳的責任と、経営者あるいは企業そのものが担うべきそれとを明確にすることの必要性が問われているのである。

さらに問題にされるべきは、われわれの問いかけに対して、彼らが虚偽の報告や弁明をし続けたという事実である。要するに事件当時も、また現在においても、彼らは意図的に反道徳的行動を行ない続けていた／いると判断せざるをえない。このような振る舞いに関しても、従来われわれの社会はあまりに寛容でありすぎたのではないか。

一連のＨＩＶ訴訟が社会運動化した結果手にした成果は、今後のビジネスと倫理の関係を考える上で、大きな問題を投げかけているように思われる。そしてこのように、道徳的問いを相手に投げかけ、答えを求める行動のうちにしか、社会の道徳性への要求を企業に配慮させるための方法はないのかもしれない。突き詰めればそれは抗議運動や不買運動などを通した一種の「圧力」でしかありえないにしても、とにかく道徳性をめぐる討論の場へ当事者と周りの人間を引き込むことが必要になるのではないだろうか。先に述べたように、われわれはそこで、ミドリ十字社の当時の行為を問題にするだけではなくて、非難された行為を虚偽によって塗り固め弁明しようとした現在の行為をも、重大な道徳性への違反として吟味する必要がある。

最後に、本稿では紙幅の関係上ふれることができなかったが、企業の道徳的責任論は、正義論や功利主義などをはじめとする現代の規範理論の研究(29)とも当然密接な関連を持つ。なぜなら、企業に道徳的責任を引き受けさせることから出発するにしても、何が道徳的義務なのかという点については未だ多様な見解が存在すると思われるからである。しかしある種の社会的合意を目指してこれらが論じられることがなければ、道徳的な圧力を企業に加えることさえもそもそもおぼつかないことになる。ただし、本稿で問題とされたような、最低限の道徳性——ここでは、生命か利益かという問題——を要求するという点で言えば、大方の規範理論は（理由はさておき）意見の一致をみることになるのではないかと思われる[30]。

アメリカのビジネス倫理学が、応用倫理学という領域の中で確たる地歩を固めだしてから、まだ十数年程度だと言われている。しかも日本では、この領域は未だ萌芽状態にとどまっていると言わざるをえない。

確かに他の応用倫理学の諸分野は、新しい技術や状況によって、近代思想に基づく知的パラダイムが揺り動かされるような優れて現代的な問題を提起しているように見える。それに比べると、ビジネス倫理学が取り上げる問題は一見地味で、さほどの新しさを提供しないかのようにも思われる。しかし〈応用〉倫理学が、倫理的諸問題を、問題の生じている現場に即して具体的に考えるということを目指すべきであるなら、これまで何度となく繰り返され、しかも一向に改まる気配のない企業行動のあり方を、日本の文脈においてもう一度取り上げてみることは、無駄ではないのではないかと思う。

このような取り組みは、たとえば「日本経営倫理学会」（一九九三年発足[31]）などで、産学という枠組みや学問領域を越えて進められつつある。ディジョージをはじめとして、ビジネス倫理学関係の著作を概観すればすぐにわかることだが、各著作には版毎に大きく修正が加えられたものも少なくない。それは、現に各論者がビジネスにおける実践的諸問題と格闘し続けているということの証左であり、それだけ現実的な問題が突きつけられているということを意味しているように思われる[32]。

（1）「人工血液事件」の詳細については、『偽装』［毎日新聞大阪本社 1993］を参照のこと。

（2）被害にあったのは血友病患者だけではないことは周知のとおりである。止血剤などとして、全国でおよそ二〇〇〇人に投与され（大半がミドリ十字社製）、少なくとも十数人がＨＩＶウイルスに感染したことが確認されている。これらは、一般に「第四ルート」と称されているが、そもそも患者にこの薬剤が使用された事実自体が知らされていないことが多く、全体数の把握が極めて困難だという状況がある（産経新聞一九九六年六月二六日）。

（3）道徳的責任について考えるべき対象は、本来製薬企業だけにとどまらない。厚生省および日本医師会を代表とする医療関係者の責任も重大である。とくに「二次感染問題」や、汚染血液製剤を使用した医療機関の公表に関して、当初それに消極的であった医療関係者の行動は、現在の道徳的責任を考える上で大きな問題を投げかけている。しかし、紙幅の関係上これらの問題は指摘するだけにとどめる。「薬害エイズ事件」関連の文献に関してはすでに多数の文献が出ているが、主として以下を参照した。［菊池 1993］［広河 1993］［東京ＨＩＶ訴訟原告団 1995］［薬害根絶フォーラム 1996］［保坂 1997］。

（4）梅津光弘の分類によれば、「企業の社会的責任」、「資本主義体制そのものの倫理的検討」、「専門職倫理」、「地球環境保全」という問題群が主要な論点として挙げられている［梅津 1993：188–194］。このようにビジネス倫理学は、「生命倫理学」や「環境倫理学」など、「応用倫理学」の他領域とも密接に関連していることがわかる［田中 1997］。日本のビジネスと倫理をめぐる経緯に関しては、拙稿［田中 1996：149–50］で短くまとめた。

（5）日本における企業の法的責任に関しては、拙稿［田中 1996：150–51］を参照していただきたい。そこで取り上げた刑法学者・板倉宏の「企業組織体責任論」は、従来の刑法解釈に対して根本的な変更を要求し、企業を刑法で裁くことを提案している［板倉 1975］。
（6）一九六九年に始められた「企業責任のためのプロジェクト」と称される運動の通称を指す。キャンペーンGM側は、一定条件下における株主からの提案を、株主総会の議案書の中に盛り込まなければいけないという「株主提案権制度」（日本では、一九八一年の商法改正で制度化された）を利用し、株主総会で積極的に提言を行なった［土屋 1980］。
（7）レーヴィット（Levitt, T.）も基本的にこのような立場をとる。彼は次のように主張する。自由市場経済システムは多元的な社会を要求する。したがって、全ての単一的なイデオロギーは拒絶される。自由な市場において、福祉や社会は本来自動的に調整されることになっているが、仮にそうでない場合があったとしてもそれは政府の仕事であって、企業の仕事ではない。ビジネスの責任とは、（1）日常的な礼儀についての基本的な規範（正直さ、誠実さなど）に従うことと、（2）実質的な利益を追求すること、の二つだけである［Levitt 1958］。
（8）一九七八年、アメリカで、小型乗用車のフォード・ピント（一九七三年製）が停車中に追突され炎上し、乗員三人が焼死した。フォード社はこの事件で刑事告発を受ける。問題は、フォード社側が事前に、この車にはガソリンタンクに欠陥があることを知っていたにもかかわらず、そのまま生産し続けたという点である。その結果、およそ五〇〇人もが焼死した。フォード社は、すべてをリコールするより、生命保険料や賠償保険料を払ってもそのまま売り続ける方が利益になると判断したと言われている。さらにフォード社は、タンクを変更するように命じる政府の安全基準の成立に関してロビー活動を数年にわたり行ない、法案成立を妨げた。この刑事裁判の評決は無罪であったが、別の多くの民事裁判には敗訴した。その結果いわゆる「懲罰的損害賠償」を課され、少なくとも五〇〇〇万ドル以上の賠償額を支払ったと言われている。[Hoffman 1984 : 412–20] [De George 1995 : 221ff.] を参照。

(9) 治験の「調整問題」に関しては、過去に毎日新聞のインタビューで、この班長本人が「調整した」と語った旨、報道されている [広河 1993 : 222]。

(10) これに関してディジョージは、「ビジネスの仕事はビジネスである」というような警句がビジネスマンの間で一般に受け入れられている点を指摘している [De George 1995 : 13]。日本でも、「ウチは慈善事業をやっとるんと違いますんや（なぜか関西弁）」というようなフレーズが思い浮かぶ（実際に聞いたことはないが）。ソロモン（Solomon, R. C.）も同様に、「利益動機」、「社会ダーウィニズム」、「原子論的個人主義」などの神話やメタファーについて言及している [Solomon 1991 : 356–59]。

(11) このような問題を詳細に論じた文献としては、とくに次の二つの文献 [溝口 1990] [安彦・大庭・溝口 1992] を挙げておく。

(12) 経営学者の水谷雅一は、経営の価値二原理システム（効率性原理・競争性原理）から価値四原理システム（価値二原理システム＋人間性原理・社会性原理）への「パラダイム転換」を説き、これに背けばそもそも価値二原理システム自体の成立が危うくなることをその根拠の一つとして挙げている [水谷 1995 : 70–90]。

(13) アロー（Arrow, K. J.）が、同趣旨のことを論じている [Arrow 1973 : 124–25]。またセン（Sen, A.）も、純粋な利益の増大化以外の要素である「信頼」などの倫理的価値が、交換、生産、配分などすべてのビジネス活動において（交換に関してはとくに）重要であることを指摘している [Sen 1993]。（センの文献は編者の川本隆史氏に御教示いただいた。記して謝意を表したい。）

(14) 功利主義や義務論などの主要な規範理論の多くは、程度の違いはあれ利己主義的観点を排除する要素を持つ以上、純然たる利己主義者を説得することには困難さがつきまとうように思われる。永井均はこれを、「基礎論」上の問いを「規準論」上の一見解で答えようとする「道徳学者の誤謬」と指摘している［永井 1986：123-169］が、そこでの議論は正鵠を射ているようにも思われる。しかしここでは、その上でそのような相手に、道徳性をいかにして引き受けさせられるかという点にこだわりたい。

（15）この倫理綱領には、「生命の尊厳」や「科学への謙虚さ」、「高い倫理的自覚」などがその基本理念としてまさに高らかに謳われている［薬害根絶フォーラム 1996：160］。これを茶番と呼ばずして、何と呼ぶべきだろうか。

（16）相次ぐ薬害事件への国民的批判を受けて、一九九七年七月に厚生省は組織改革を行なった。従来の「薬務局」は「医薬安全局」へと組織替えされたが、これに伴い、薬害の温床と目されていた医薬品の製造承認のあり方や、薬価差益問題を生んだ「薬価基準制度」の見直しがようやく始められることになった。しかし薬害の多くが「天下り」と密接な関連を持っていることは周知であり、この点にメスを入れない限り、根本的な問題解決が望めないこともまた明らかである。

（17）企業の責任能力を道徳的主体性という観点から問題にする議論は、経営学者の間でも「モラル・エージェンシー論」として一般に論じられている。その根拠づけと妥当性に関しては、グッドパスターとマシューズ［Goodpaster, K. E. and Matthews, J. B. 1982］の「道徳的投影原理（Principle of moral projection）」についての、西岡健夫の分析が参考になる［西岡 1996：292-93, 312ff.］。西岡の見解は、ディジョージの見解や板倉の「企業組織体責任論」［板倉 1975］の見解にも近いように思われる。

（18）部分システムと道徳性の関係については以下の文献に詳しい。［佐藤・中岡・中野 1994］、［中野 1993］。

(19) 同様の点は谷田信一も指摘している［谷田 1993：198］。
(20) 説明義務に関しては、山田經三が詳しく論じている［山田 1995：340ff.］。
(21) ディジョージは、原書第三版までは「慈善」や「同情」が企業の道徳的義務にはならないという例を挙げていたが、第四版ではこの例を削除している［De George 1995：127］。
(22) このような見方は、組織的意思決定構造を持つ大企業においては妥当ではないかと思う。しかし、数の上では大多数を占める中小企業においても同様であるかは、未だ議論の余地があるかもしれない。中小企業の方が、ある意味では一種の道徳的人格として振る舞う可能性を持っているようにも思われるからである。この点に関しては今後の検討課題としたい。
(23) 一九九六年七月二五日に東京で開かれた「第一回経済倫理世界会議・東京特別講演会」では、米国の著名なビジネス倫理学者たちがパネリストとして招かれていた。そしてシンポジウム会場から提起された質問はまさに、「現にアメリカでビジネス倫理はペイしているのか、実例を挙げて説明してくれ」というものであった。それに対するパネリストの答えはいずれも明快なものとは言い難かった。
(24) 企業の側からすれば、道徳的に行動することで、自分だけが競争力を失うことへの恐怖が常にある。したがって倫理綱領も、ただ策定すればいいというわけではなく、それをどのようにして維持するかという点が、むしろ依然難問として残されるのである。この問題に関しては、メートランド（Maitland, I.）が「保証の問題（assurance problem）」として批判的に論じている［Maitland 1985］。
(25) 以下のミドリ十字社の主張は、衆院厚生委員会での発言に基づいている（産経新聞一九九六年五月二八日）。
(26) 毎日新聞一九九六年九月二四日の報道による。

(27)　加熱製剤承認後の一九八六年一月、カッター社（現・バイエル薬品株式会社）は厚生省に非加熱製剤の承認整理を申し出たが、その申し出は受理されなかった（毎日新聞一九九六年一〇月二七日）。他の血液製剤メーカーもミドリ十字の承認整理時期とほぼ同じ頃に、承認を整理している（産経新聞一九九六年六月三日）。

(28)　産経新聞一九九六年五月二八日の報道による。

(29)　応用倫理学の諸部門を視野に入れた上で現代正義論を詳細に論じている文献としては、『現代倫理学の冒険――社会理論のネットワーキングへ――』［川本 1995］をまず挙げておきたい。

(30)　楽観的すぎるという批判もあるかもしれない。しかし、そのような最低限の道徳性への評価をつきあわせる行為そのものに、道徳性への配慮を促す働きがあるのではないか。

(31)　この学会の機関誌［日本経営倫理学会編 1994-1998］は、ビジネス倫理学が日本でどのように展開されつつあるかを知る上で有益な文献である。

(32)　このような態度は一応評価されるべきだと思うが、他方でディジョージに関しては、そのバイキング料理のような教科書的手法が自分の基本的視座を不分明にしているという批判もある。従来のビジネス・エシックスに対するこのような批判に関しては、リプキによる『ラジカル・ビジネス・エシックス』第一章「従来のビジネス・エシックス批判」［Lippke 1995］がとくに興味深い。

Ⅳ　方法と教育への問い

7 「応用倫理学とは何なのか」と問う必要があるだろうか

●高橋久一郎

1　応用倫理学とは何か

「応用倫理学」とは何なのか？　またそれはどうありうるのか？　カリカチュアにすぎないと言われればそれまでだが、一つのよくある話から始めよう(1)。

「応用倫理学」ということを考えるときに、その名前のためもあって暗黙のうちに「倫理学者」が想定してしまうことの一つに、それは何らかの「倫理学理論」の応用であり、それゆえに本来的に重要なのは応用されるべき「倫理学理論」であるという見方がある。そしてそこからして、「応用倫理学」なるものは、「学問」と言うにも値しない「ヤクザ」な仕事であるといった「正統」倫理学者からの嘲笑、あるいは「応用倫理学者」の自己卑下すらされることにもなる。

このことは「応用倫理学」が、その議論の展開において「事実」への参照を不可欠としていることとも関連している。倫理「学者」の多くは実は「事実」があまり好きではない。多少の「事実」によっては揺らぐことのない「確固たる」理論と、「例外的事実」にこだわり「本質」を見失ってしまう応用倫理学という対比が、どこかで倫理「学者」の思考を拘束している。

それはまたさらに、「応用倫理学」における議論が、ある種の「決疑論」的性格を帯びていることとも関連する。つまり「応用倫理学」の意義は、現代社会が提出する緊急の問題に対して（端的に）「答える」ことにある。その回答が「体系的」に「綺麗」であることは困難である。「倫理学者」に限らず「学者」は、「整合的（consistent）」であることを「理論」の最低条件であるとした上で、単に「整合的」であるだけでなく議論に「一貫性（coherent）」のあることを求め、さらに「一貫性」を「体系的」に「綺麗」であることと強く結びつけて考える傾向にあるから、このように述べることは学問としての「応用倫理学」の「自己否定」のように思われるかもしれない。だが、個々の問題に関する「正解」があるとしても、そうした解決がどのような場合にも適用できる一般的な「原理」として「定式化」されるという意味で「体系的」であること、そして「定式化」の「例外条件」が少ないという意味で「綺麗」であることは、必ずしも「応用倫理学」の追求すべき「美徳」ではないように思われる。「一貫性」があるならば「綺麗」であるとは限らない。そして、「整合的」であることは、（必要な限定を加えることによって）常に可能である。

だが、このことから再び、「応用倫理学」は「場当たり」的である、「ご都合主義」であるといった疑問が提出されることになる。そして他方では、ある種の「居直り」も生ずることになる。(2)

しかし、このように話が展開してしまうことは単に倫理「学者」の学問的「伝統」ゆえに浮かび上がってきたことではない。むしろ「倫理」ということの「本質」的なあり方にかかわっていると思う。

2　倫理学のあり方

★倫理学教育

話の本筋から離れるように見えるかもしれないが、大学における「倫理学」のあり方から始めたい。大学における入門的な倫理学「教育」の多くは、さまざまな「理論」、つまり原理的な枠組みとそれを具体的な問題に適用したさいの違いの紹介という形を取るように思われる。いわば「比較倫理学」とでも言うべき講義をする。(3) もちろん、たとえば「カント倫理学」についてだけ講義するという「学者」もいるとは思うが、それは少数だろう。そしてその場合でも「倫理学史」的な位置を語るという仕方で、何がしか対立する、あるいは「批判されるべき」理論に言及することになる。(4)

こうした講義の効果ははっきりしている。学生は（すでに抱いていた）「倫理」に対する疑いを確信する。「相対主義」あるいは「懐疑主義」者を作り出すのである。ひとたびさまざまな見方を知ってしまった者に、決定的な議論なしに、そしてそれがありえないところで、たとえば「カント倫理学こそが正しい」と言っても無駄である。学生はそれほど純朴（あるいは「愚か」）ではない。

こうした効果は、もちろん「意図」したことではないはずである。われわれの生きている現代社会は、「自律」した個人という理念のもとに構成されることになっている。「教育」もまた基本的には、あるいは建て前としては、「自律」した個人の形成を目指している。ある意味では信じがたいことに、大学もまた（いわゆる「教養課程」は解体した（?・）ものの）そうした「教育」のシステムの一環であると考えられている。さまざまな見方を紹介することは、広い視野から物事を見ることができる「賢い」人間になることを「意図」している（と思う）。しかし、そうした「意図」は実現されない。しかも徹底した「相対主義」「懐疑主義」者を作り出すなら、まだ「意図」の半分は実現されたと言ってもいいかもしれない。プラトンの初期対話篇におけるソクラテスの問答が導いた「アポリア」は、（理想的には）そのような事態であったはずである。しかし実際には、ソクラテスにおいてもそうであったように、多くは、居直りの「相対主義」「懐疑主義」者、あるいは、その裏返しとしての「ご都合主義」者を生み出すことに終わる（ソクラテスは若者を堕落させたとして訴えられた）。

こうした効果は、ある意味では当然のことである。われわれは「理論」に触れるより以前に、家庭や（小・中・高等）学校を通じてさまざまな道徳的「規律」をさまざまな仕方で「教えられ」「反発し」「受け入れ」「実践して」きている。それらのうちのあるものは、たとえば食事のマナーや「校則」のように「なぜ?・」と問うことが許されない「定言命法」のようにして、[5] またあるものは「自己利益」に訴えることによって、「受け入れ」させられている。統一的な「理論」といったことが問題となるより先に、ある種のインテグリティを形成してしまっている。[6] 大学は、そのための「教育」としては遅すぎる。そこで、「理論」への接触は、場合によっては、そうしたインテグリティの危機をもたらすと同時に、より善きインテグリティへの再統合の機会でもあるという言い方をすることになる。しかしながら、さまざまな理論が相異なる方向を示しているとすれば、ユニティを確保しないという仕方でインテグリティを再確認するのは（意識的なことではないとしても）自然な戦略である。

このような個人のインテグリティのあり方はさらに、われわれの生きている現代社会が基本的には、あるいは再び建て前としては、さまざまな倫理的伝統の存在を許容する多元的な社会として自らを規定していることによって強化される。この多元性は「理論」の複数性とは別の事態である。たとえば、仏教的な伝統は現代においてさまざまな「理論」と結合できる。しかもそれぞれの伝統自体が「一枚岩」ではない。細分しても無駄である。その各々がさまざまな「理論」と結びつきうる。そのことを知ってしまった倫理「学者」自身もまた実は、あやしげなインテグリティしか持っていない。

しかし私は、こうしたあり方は不可避であるだけでなく、ある意味ではむしろ望ましいと考えている。「倫理」は、われわれがそうしたあり方をしているということの上に形成されると考えているからである。つまり、インテグリティは、実質的にはさまざまな社会的「強制」[7] のもとに形成されるという側面が否定しがたくあるとしても、最終的にはそれを受け入れる「個人」のものであると考えているからである。「倫理」もまたそれぞれの「個人」が受け入れて初めて「なんぼのもの」である。このように述べれば直ちに、それでは「何でもあり」ということになってしまうではないかと思われるかもしれない。確かにその懼《おそ》れはある。この疑問に対する答えは、しかし後回しにして、倫理のあり方に関して、少しだけポジティヴに描いてみたい。

★自然な反応としての倫理

余りに素朴であると言われるかもしれないが、私は、倫理は、生存のために「協同」を不可欠とする人間がさまざまな利害や不確実さをともなった状況において示したさまざまな「自然な反応」に対する反応に由来し、最終的にもそうしたあり方を払拭しきれないと考えている。そしてそのことは否定的に考えられるべきことではないとも考えている。

このように述べることは倫理を、互いに「利己的」な人間の利害の対立の「調停」として描くことではない。確かに、そうした図柄は一見もっともらしい。しかし人間の「自然」にかかわる事実として疑わしい。(8) それだけでなく、「倫理」を「規律」としての「道徳」に限局してしまったあげくに、「なぜ道徳的であるべきか」という問いを、自明のこととしてトリビアルにするか、部分的にすら解決不可能なものとしてしまうであろう。(9) あるいはまた他方の極にある図柄であるが、カント的な理性であれ何であれ、利己性とは独立な場面に倫理の基礎を求めることも、再び人間的「自然」を否定するものである。われわれの倫理が時として自己利益を優先することを(正当なことにも)許容するのはどうしてであるかを説明できないだろう。利己性と利他性は同じ人間の中に、同じ問題に関してでさえ「共存」しうるように思われる。

アリストテレス流に言えば、そうしたあり方をしている人間の「倫理」は、人間の「自然（本質）」そのものでも「自然に反した」ことでもなく、また単なる「偶然性」でもない「自然に即した」領域のこととしてある。そこで、「倫理学」は「生物学」には「還元」できない（はずだ）が、その基盤は、「生物学」と矛盾したものであってはならないことになる。(10)

人間を人間たらしめるとされる「理性（言語）」、それは倫理において重要な位置を占め「自然な反応」を超えるように見えるが、そうした「理性」も、それが幻想ではないならば、それもまた「反応」の一つの仕方として、「協同」のための「道具」ゆえにある種の「非合理性」をも含みつつ、「そのため」に進化の過程で獲得されたものである（はずである）。「理性」の第一次的な「機能」は生存のための「協同」という実践的な課題に応ずるものであった（はずである）。(11)そしてそれゆえに、「理性」は、第一次的には「個体」の「計算」の「ため」ではなく、「類」の「協同」の「ため」のシステムとして「類」レヴェルに帰属されるはずである。残念ながら、この点にはこれ以上立ち入れない。「利他性」ということに関して以下の点だけを考慮すべきこととして指摘しておきたい。

★利他主義の由来

「理性（言語）」の獲得を通じて人間が全く利己的であるのではなくある場合には利他的であるようなあり方をしていることが、単なる他律的な「規律」にとどまらない倫理の成立には不可欠である。そしてそのためには、進化の過程を経て誕生した生物としての人間は、血縁選択といった「包括適応度」の範囲内で語りうる「利他的利己主義」者にとどまらず、どれほど限定されているとはいえ、進化生物学的な意味でも文字どおりの「利他主義」者でもあるのでなければならないだろうか。

進化生物学的な意味での「利他主義」の可能性は、極めて困難なことであるようである。さらには、最近の研究によれば、進化生物学的な意味での「利他主義」と「利己主義」の区別は、日常的な心理学的な意味での「利他主義」と「利己主義」の区別とは（当然のことながら）直ちには連動しない(12)。その意味では進化生物学的な意味での「利他主義」の可能性は、日常的な意味での「利他主義」の可能性にとって不可欠であるわけではないことになる。しかし、進化生物学が倫理に関して提出している問題はもう少し微妙であるように思われる。

「利他的利己主義者」の一種である「相互利他的利己主義(13)」は、比較的容易に想定しうるある種の条件のもとでは、自然「選択」をくぐり抜けうるが(14)、文字どおりの「利他主義者」は、一般には「選択」に耐ええない。可能であるとすれば、それは、さまざまな割合で「利他主義者」（あるいは、少なくとも「利他主義」をその「混合戦略」の一部として組み込んだ個体の）「集団」が、極めて特殊な条件のもとで交錯した場合だけであるようである。進化論における「選択」の単位については議論があるが、いずれにせよ「集団選択」の可能性は極めて小さいようである。「集団選択」は「生物学」の常識からは外れている。しかし人類が、限定されているとはいえ「利他主義者」であるとすれば、少なくともその「誕生」においては「副産物」としてではあれ、進化生物学的に厳密な意味においてではないとしても何らか「集団選択」といった記述を受け入れるような選択がなされたと考えること

も荒唐無稽ではないと思われる。(15)

確かに、これはまさに思弁に過ぎない。しかも生物学的な意味での「利他性」と日常的な意味での「利他性」とが連動しない以上は、人間における「利他性」の問題に生物学的な場面に直接基盤を求める必要はなく、「協同」の道具としての「理性」を獲得して社会的な生を営むに至った人間の心理学的・文化的なあり方から論じられるべきであると思われよう。とすれば進化生物学的な意味での文字どおりの「利他主義」の可能性にこだわる必要はないのではないか？

問題は、実は倫理と進化生物学の関係にあるのではない。問題は、進化の産物として成立した人間の行動のあり方をどう見るかということに関わっている。内井惣七は、「相互利他的利己主義」と「利己主義」のある種の「混合戦略」が人間の社会的行動の「進化的に安定な混合戦略」となっているのではないかという示唆をしている〔内井惣七 1996：214〕。私は内井がルースに従い肯定的にまとめた「人間にあっては、「社会の成員のすべてに適用されて特有の道徳感情をもって励行される規則によって個人の行動を規制する」という方策が自然淘汰により定着した」〔同：222, cf. 198〕という見解における「ある種の規範性」を示す「特有の道徳感情」は、何らか「利他主義」に言及することなしには、その由来を説明しえないのではないかという疑問を持っている。内井の言う「 」付きの「「利他性」」から「 」なしの「利他性」への移行の問題である。あえて「戦略」という言い方をするなら、「利己主義」と「相互利他的利己主義」と「利他主義」の三者の「混合戦略」が（文字どおりには「進化的に安定な戦略」ではなかったとしても）淘汰されたと考えたいということである。この可能性は証明されてはいないが、否定もされていないように思われる。

問題は、人間の行動を「相互利他的利己主義」と「利己主義」の「混合戦略」として、そして道徳を「相互利他的利己主義」として考えることが適切であるかということにある。道徳が、「 」の外れた「利他的利己主義」であるならば、どれほど精妙に展開されようとも、道徳は「分別（prudence）」の問題に帰着するであろう。[16] あるいは、「分別」の問題として「解決してしまっていた」はずではないか？[17] 人々の間に道徳的な直観の衝突や道徳上の意見の不一致があるということは、人間の行動が「相互利他的利己主義」と「利己主義」という二つの「戦略」の「混合戦略」としては捉えきれないことを示唆しているように思われる。私は、「道徳は利他主義である」と言いたいのではない。あえて言えば、道徳は、その立場によってさまざまに異なりながら（かなりの）「相互利他的利己主義」と（ある程度の）「利他主義」の両者を要求しているのではないかと考えている。[18]

3　実践としての倫理学

さて「自然な反応に対する反応」の継起的な積み重ねは、「反省」的な反応を通じて何らかの「倫理」を形成し、利害と不確実さに関するある種の「保証」となる。この歴史的に形成された「保証」は「自然な反応に対する反応」であるから、単に「自然」的な反応ではなく、場合によっては「批判」的であることになる。[19] こうした「保証」はしかし、利害と不確実さを完全に解消するものではなく、それ自身新たな利害と不確実さをもたらす。われわれの認識の限界のために、結局は「反応に対する反応」でしかないからである。「権利」といった概念を考えてみればよい。いかなる状況のもとでも「一応性（prima facie）」という性格を示すことなしにすむと言い切れる「権利」はないだろう。しかしそれでも一つの「保証」であることは確かである（しかも状況によってはかなり強い「保証」となりうるのであり、やはり「切り札（trump）」という性格を持っている）。

そこで、この「反省」という契機に注目することは、不当なことではない。「反省」は「反応」の「洗練」の一つのあり方である。そして「洗練」には二通りの道がある。一つは、「理論」としての「洗練」であり、もう一つは、うまい表現がないのだが、いわば「教育」としての「洗練」である。

前者がいわゆる「倫理学」への道であり、そうした道は当然のことと思われてきた。しかし、こうして「反応」を「理論」として「洗練」するということの意義は、実はあまり明確ではない。「理論」に意味がないというわけではない。誰にそのようなことが言えよう。しかし、この洗練は多くの場合、「反応」することにおける一つの重要な契機を極力捨て去るという代価を払うことになる。さまざまな状況において「どのように反応するか」という「実践」ではなく、さまざまな「反応」間の関係や「正当化」といった話に向かうことになるからである。倫理「学者」は、「火中の栗を拾わない」。そして、確かにそのことに意味があった。しばしば自称するように、倫理学者は直接的な「反応」ではなく「公平な」あるいは「誰のものでもない」視点から見ることを試みる。

★実践的な場面とのズレ

だが、この「公平な」「反応」の試みは、重要ではあっても、時としてどこかズレてしまうように思われる。たとえば「脳死問題」や「生殖技術」あるいは「南北問題」といった、（本来はさらに限定して述べるべきだが）それぞれの具体的な問題について「私は」そのように「反応」したかったのだろうかと問うとき、どこかに「そうではない」あるいは「意を尽くしてない」という思いが残ってしまうことがある。「ある問題にスマートな解決が与えられても、問題は依然として存在するという確信を払拭しきれないような場合、あるいはまた、ある問題がほんとうの問題ではないことが示されても、やはりそれを問い続けたいような気持ちが残る場合、……さらなる検討が必要とされている」というネーゲル［1979：x/v］の発言に深く同感する。それは、（ほとんど「廃語」になりつつある言い方ではあるが）「左」への「引力」に対しても抱いてしまう思いである。全体的に「右」に流れる中で「能天気なリベラル」であることの重要性を承知していても、そうである。このことは、理論がうまく構成されていないということと無関係ではないとしても、それとは別のことである。

この問題は、「理論」としての「倫理学」の問題としては、いわゆる「信念」「動機（欲求）」そして「行為」の間の関係の問題としても構成できようが、ここでは少し別の角度から考えたい。例として、「生殖技術」に関する話題を取り上げよう。一九九五年度の「日本生命倫理学会」大会は生殖技術に関するシンポジウムを行なった。これは「喜ばしいことである」。しかし、大会後の「若手」の会合で、ある人がシンポジウムのあり方とその方向性に対して疑問を述べた。「あんなきれい事ではない。」私は、「とはいえ、そうした技術を期待している人がいて、それが倫理的な問題をクリアできるなら、全面的には反対できないのではないか」という主旨の発言を、挑発的な仕方で行なわざるをえなかった。かなり議論したが、「要するに医者の味方なのね」というのが批判者の総括であった。この問題にはフェミニズムの論点もからんでいて単純ではないのだが、そしてその論点を落とすこと自体が問題だと言われることも承知で言うのだが、問題は基本的には（「自律」の）「倫理」の話ではなく「医者への不信」であった[20]。医者が自らの正当化のために用いた「倫理」に「本当に」従って研究を進めるなら問題はない。だが実際には、「倫理」は、批判を退けるための単なる「言葉」に過ぎないものとなっている。あるいは、フェミニズムの論点を少しだけ加えれば、まともにそうした「倫理」に従っていては研究などできないような技術ではないかということにある。本当は「自律」など成立していないところで、フィクションとしての「自律」のもとに、フィクションとしてであれ「自律」ということを全面的には否定することができないという、いわゆるダブルバインド状況の上で、女性の「弱み」につけ込んでの技術である。私は、こうした主張には理があると思う。

　にもかかわらず、「この場合には反対できないのではないかという場合がありはしないか[21]？

★実用的な判断体系とは？

　私は道を踏み外してはいないだろうか？　確かに「すれすれ」のところに立っていると思う。しかし、「本当は」自律が成立していないとしても、あるいは成立していないからこそ自律を求めざるを

えないならば、否定は一般的ではありえない。(22)

そこで問いはこうなる。「間に合わせに寄せ集めた出来損ないのシステム」［加藤尚武 1989：254］である現代において「実用的な判断体系」を提出するとはどのようなことなのか。善意には「対決の回避」あるいはそれと裏腹の効率的な「危機管理」システムを提出すること以外のどのような回答がありうるか。現代における多くの倫理問題はこのような形で提出されている。

確かに「倫理」は何がしか「危機管理」のシステムでもある。その点を頭から否定することは「倫理」の自己否定である。だが、もっぱらその点にのみ注目すれば、また再び何かが抜け落ちてしまう。「危機管理」とは実は、状況が変化しているにもかかわらず、「現状」の倫理的関係を基本的には維持した上で生じてしまうかもしれない「最悪の条件下での最善は何か」を論ずることだからである。そこでは、たとえば、「権利」関係の再検討といったことが、実は重要であるにもかかわらず、二の次となる。(23)しかし抜け落ちてしまうのはそれだけではない。

明確には論じられないが、その点を第二の「洗練」の道としてスケッチしたい。「理論」よりもむしろ実際にどう「反応」するかという契機に注目して「洗練」ということを考えるなら、描かれてくる「倫理」の姿は少し変わってくるように思われる。

私は暗黙の内にコード化されているものを含めたさまざまな「規範」に関する限り、われわれの持っている「倫理」に欠けるものは「ほとんどない」と考えている。残されていることは、「出来損ない」を「出来損ない」であるにもかかわらず（おこがましい言い方だが）愛しつつ、批判し「携める」ことでしかないのではないかと考えている。

★**遺伝子治療と倫理学**

先に私は「能天気なリベラル」という言い方で、共感しながらも感じざるをえないある種の議論のあり方に対する「違和」を述べたが、(形容矛盾のように響くであろうが)リバタリアンと奇妙に結びついた功利主義的議論への「違和」はさらに大きい(24)。

最近日本でもADA欠損の「遺伝子治療」がなされたが、「遺伝子治療」とは独立の酵素治療もあわせて行なわれていたことは、「治療」開始以前には、日本では少なくとも一般の社会人の目に触れるところでは、ほとんど言及されてはいなかった。「治療」開始後の啓蒙書にはかなりの頻度で言及されている。始めてしまった以上は、よほどのことがない限り止まらないと踏んだ上でのことではないかと思われるほどである。治療効果が「遺伝子治療」によるものかそうでないかはまだ分からないというのが、言及の基本的な主旨だからである。だがこれは、「他に治療法がない」という基準が、普通の社会人の感覚では(巧妙に)キャンセルされたに等しい。それは、酵素治療によっても、その程度の治療効果は期待できたということの裏返しだからである(やがて酵素治療はしなくてよくなるかもしれないという「可能性」はあるから、全くの裏返しではないが)。治療効果がない(それに応じて「危険」の少ない)「治療」によって、「危険」の多い(治療効果があるとは限らない)「治療」をすすめるための「準備」ではないかという疑問を抱くのは当然である。

加藤尚武はこの問題に関して、一貫して「推進」の論陣を張っている(25)。確かに私も、遺伝子「治療」を一般的に否定しようとは思わない。それどころか、通常はあたかも第一の条件であるかのように語られる「他に治療法がない」という基準が、遺伝子「治療」が許されるための条件であるとも考えてはいない(26)。にもかかわらず加藤の議論に感ずる「苛立ち」は、たとえば次のような発言にある。

ヒトゲノム解析に対する批判的議論を（非常に荒削りに）紹介した後で、「しかしだれもナンシー・ウエックスラーに向かって、「お前は希望を持つべきではない。ハンチントン舞踏病の患者は永遠にその呪われた生を引きずって生きるべきだ」という資格はない。ヒトゲノム解析の危険と福音を綿密に検討して、人間性にとって安全な技術開発の方向を示すことは、倫理学の仕事である」［加藤尚武 1996a：305］。引用の後半は確かにもっともな主張である。しかし、加藤は「遺伝子治療について次の五条件を満たす場合に「倫理問題はない」とするのが世界的な常識だと思う」［加藤尚武 1996a：289］というところから議論を始めていた。そしてそこに終わっている。確かにこの五条件は、形式的には（少なくとも現状においては）概ね正当であると言ってよいと思う。

ところで、五条件のうちのいくつか（3、4、5）の条件は主として「事実」的な問題である。加藤は、それが「満たされている」ことを示してはいない。たとえば、安全性について、その基準はどのようなものであるべきかというまさに倫理学的な問題はおくとしても、（どのような基準であれ）何らかの基準が研究者・患者・社会において同意されているのか、あるいは少なくとも患者がどのような「情報」のもとにリスクを「引き受ける」ことにコミットしているのかという問題に関する「検証」はなされていない。

実は、残念ながら私自身も含めて、こうした問題に関する議論を行ないえないがゆえに、「倫理学者」の発言の多くは、川本隆史の言う「ご託宣」となってしまっている。あるいは、単に「ご託宣」ならまだましかもしれない。誰も気にしないであろうからである。だが加藤の場合の問題は、彼が日本における指導的な「倫理学者」であるために、単なる「ご託宣」にとどまらず、一定のまさに「権力」となっていることである(27)。加藤のここでの議論は、患者の「自律」という誰もが根本的には否定できない「原理」を正面に出すことによって、安全性に関わるさまざまな問題を、事実的な「検証」に立ち入らないことによって実質的には議論から外してしまっている。

科学・技術的な「事実」について「素人」である「倫理学者」が、「自分で」すべてを「検証」することは確かに不可能である。しかし、そうだとすれば、現代における科学・技術「研究」のあり方を考えるならば、その「研究」を「推進」しようとしている「専門家」の発言に対するある種の「懐疑」は不健全なことではない。そこに残っているのは「ゴー」という強いメッセージであるからである。確かに、加藤の議論は形式的には、たとえば「「エイズ薬害」問題は「自律」の論理による「自業自得」である。「患者」はリスクを「引き受けた」のだ」といった議論を許すようにはなっていない。しかし、(「エイズ薬害」の場合は、その時点での「知見」が、今明らかにされつつあるように、そうではなかったがゆえにまさに犯罪的であったわけだが)「他に治療法はない」「危険は小さい」という「情報」のもとに「患者」はコミットしたのである。「安全性」の問題は、「素人」が容易には自ら検証することができないがゆえに、単に「事実」の問題ではなく「倫理」の問題でもあるのだ。

加藤は「治療」に関するアクセス権の考え方として、「リベラル」な解釈と、「コミュニタリアン」的な解釈とをすべての場合に一貫して適用されるべき理解であるかのように対比的に論じている［加藤尚武 1997 : 93］。しかしある種の「治療」には「リベラル」に、別のある種の「治療」には「コミュニタリアン」的に応ずるということには、何ら問題はない。そうした相違を支えているのは、単なる「ご都合主義」ではなく「事実」的な相違、さらには事実的な相違を反映して適用されるべき原則が異なるべきであるという判断であるかもしれないからだ。実際、加藤の結論自体［加藤尚武 1997 : 97］も加藤の言う「リベラル」の枠には収まっていない（そもそも加藤の定式化による二つの解釈が背反的な仕方では構成されていないという原理的なレヴェルでの問題には立ち入らない）。現状のまま推移すれば、遺伝子「治療」に同様の悲惨な結果が生じないという保証はない。

「人間性にとって安全な技術開発の方向を示すこと（が）、倫理学の仕事である」ならば、全体の議論は、単に「（条件を満たせば）倫理問題はない」ということに終わるのではなく、実際に「満たしている」かどうかの検討までも含むのでなければならない。さもなければ、「倫理学」は再び、一般的な形式的条件の提示という、それ自身重要ではあるが現代においては無力な（とはいえ「学者」にとっては魅力的な）「世界」にもどることになるだろう。

★倫理学がなすべきこと

さらに問題は、引用の前半にある。「呪われた生を引きずって生きるべきだ」という言い方は、「治療」に向けての研究に反対する者の主張であるかのように語られている。実際そうであるならば確かにひどい発言である。しかし、誰がそう言ったのか？　これを論点を明確にするためのレトリックとして見過ごすことはできない。加藤自身のハンチントン舞踏病についての見方がここに反映しているように思われる。(28) 反対する者が危惧する「差別問題」がまさに生じている。加藤のこうした言い方を導いた「私たちは、ハンチントン舞踏病の患者に対し、あなたは死ぬことになってますが、医者は何もできません、と告げることしかできないのです」という（彼女自身ハンチントン舞踏病の家系の一人である）ウエックスラーの発言は、「そのため、心理学的なカウンセリングがとても重要になりますす」と続いていた。ここにはハンチントン舞踏病の現状における治療がありえないことの絶望的な確認と、そのうえで何がなしうるか、なすべきかについての正直な提言がある。遺伝病は「呪われた生」ではないし、遺伝子「治療」が、何をさておいても追求されるべきことであるわけではない。「治療」研究以前に（あるいは並行して）、こうした「ケア」を必要とするのである。

遺伝子「治療」研究は、あえて倫理学者が「推進」の声をあげなくとも、あるいは「反対」の声をあげても、（現状では残念なことに、しかし、ある種の条件のもとでは当然のこととして）展開されるであろう。私は、絶対的にそれを「否定する」論理はないと考えている。倫理学がなすべきことは、「ケア」といったことを含めた「条件」をきめ細かく明らかにすることであるように思われる。

そしてここでは「理論」の「洗練」をそれとしてさらに図ることはほとんど役に立たないように思われる。ここにある主要な問題は、あるべき「理論」の欠如ではなく、「事実」に関する「無感覚」、「わが事としての事態」に対する無「反応」である。そして、そのことによって、事態を「正当化」してしまっている「理論」の問題である。「理論」の「洗練」は、それが抽象的に整合的な体系を目指すという伝統的な意味での理論の「洗練」であるなら、プロクルステスよろしく「寝台に合わせて切る」ことに終わりかねない。ここでは「事実」（そしてそれに対する「反応」）の「掘り起こし」こそが必要である。「事実」に応ずる仕方で「反応」を「洗練」することは、もはや単なる「理論」の「洗練」ではなく、より繊細なインテグレイトを試みることである。「掘り起こし」の可能性を見よう。

4 倫理学の可能性

われわれが直接経験したり知ることのできる「事実」は限られている。知ったつもりでいながら知らないでいることも多い。「反応」もまたそれによって制約されている。この制約は個人的には意識化されない場面にまで拡がっている。問題が見えないのである。[29] 問題を見るには努力が必要である。そして残念ながら、それで十分ということはない。しかし、少なくとも、以下のようには言える。「事実」とそれに対する「反応」に注目するようにすること。新聞などは当然として、「ドキュメンタリー作家」「ルポライター」の仕事は重要である。毀誉褒貶さまざまあったとしても、[30] それぞれの具体的な状況と、著者を含めた関係する人々の「反応」については、他に得難いことが多い。たとえば、余りに有名な［石牟礼道子 1972］［carson 1962］(31)、また「飛行機事故」に関する綿密な著作でも知られた［柳田邦男 1996］(32)、さらにはせっかく翻訳されたのにあまり話題にはならなかったが、P&G問題についての［Swasy 1993］の仕事(33)など、挙げていけばきりがない。「事実」の「掘り起こし」の作業は手間も金もかかる。「事実」の掘り起こしに直接的に関わることは倫理「学者」が（多くの場合は大学「教員」という）置かれている「現状」から、またその受けてきた「教育」からも最も苦手とすることである。多くは二次的な加工された「素材」に頼ることになる。このことは、「事実」への密着という点では確かに「弱み」ではあるが、さまざまな視点から見られた「事実」を俯瞰しうるという利点がないわけではない。いわゆる「御用記事」だって無視はできない（ソ連の状況に関して最も的確であったのは『プラウダ』をはじめとするソ連の公式発表を徹底的に分析した人間であったというのは、できすぎた話ではあるが、ありそうなことである）。

また、ある種の「越境」、あるいは共同作業も不可欠である。伝統的には「倫理」部分と考えられてきた大学の「教育分野」に、「心理学」「社会学」「文化人類学」といった分野出身の研究者が進出してきている(34)。これは、「大学改革」という「上」からの流れに応ずる「授業科目名」の「改編」によってだけ生じた現象ではない。実際そうした学問領域が「社会」的に要請され開拓されつつあることは事実であり、また「学問などはどうでもよい」学生も「社会」との「通路」のある「学問」は求めている。何の「通路」をも示そうとしない「学問」は、ごく一部の大学では、「学問」の継承・保存という（もはやそれ自身で自らを正当化することはできないものの、近代的な価値理念の内に定着した）「価値」のゆえに生き残るであろうが、多くは「通路」を示しているように「見える」「学問」と「学者」によって駆逐される。彼らの「強み」は「事実」である。「理論」に大差がない、あるいは決め手がない以上、「事実」を踏まえて論じられることは、大きな「強み」である。現代における問題の多くは、具体的な細部が大きな意味を持っている。その細部が明らかになればなるだけ、「明快（単純）な回答」は、そのリアリティを失うことになりがちである。最終的には再び基本的には「（明快）単純な回答」が採用されるべきであることになるとしても、そのためには何らかの仕方で細部を扱いうるのでなければならない。

言うまでもないが私は、こうした新しい学問分野の「学者」のすべてが、先に述べた意味での「事実」に対してセンシティヴであるとは思ってはいない。「（肯定的にも否定的にも）所詮は学者」である限り、「理論」を通しての「事実」でしかない。「反応」の欠如においてはひけをとらないことも多いように思われる。しかしそれでも「事実」は「事実」であり、倫理「学者」はかなわないことが多い。倫理学は事実に執着し、そしてその中で、他の学問分野にも注意を払わねばならないことになる。

★ノイラートの船

こうしたことは、先に述べたように、それで十分ということはない。また、単なる「事実」の集積は、不用意な「危機管理のシステム」作りに利用されるだけに終わりかねない。ふさわしい「反応」

を磨くことができるのでなければならない。どのようにして？　ここには「特効薬」はなく、われわれは循環に入ることになる。これは場合によっては、危険な循環である。「絶対善」も「絶対悪」もない場面での、そこそこの原則を頼りの「ノイラートの船」での船出である。ネーゲルの言う「絶対主義」もまた文字どおりの「絶対主義」ではありえない(35)。つまり「倫理学」は、一般的にある種の行為が「正当化」できるかどうかという問題だけではなく、「正当化」はできない行為でありながら、場合によっては「容認」せざるをえない行為(36)、あるいは、ある種の枠組みのもとでは「正当化」されるように見えながら「容認」してはならない行為(37)を、個々の事例ごとに論ずるための「道具」となりうるのでなければならないように思われる。ここでは、倫理をまさに「危機管理のシステム」へと導く可能性をア・プリオリには排除できない。しかし、それしかない。倫理学者の務めは、「反応」を磨くと同時に、ある種の「啓蒙」に努めることにあることになる。「倫理」の問題は、そこで最終的には再び「教育」の問題となる。

（1）　本稿は、半ば個人的なメモの形を取りつつ、「応用倫理学」がその一端をなしている「規範倫理学」のメタ理論の一部（方法論）として構想されているが、同時に「応用倫理学」自体の試みでもある。こうした体裁をとっているのは、単なる偶然あるいは趣味の問題というのではなく、「倫理」についての私の見方を反映している。つまり「倫理」は「正当化」の問題だけでなくそれぞれの人の「反応」の問題でもあり、「倫理学」もまたそうであるという理解である。

なお、「倫理学」の「方法論的」なことについて予め形式的に述べれば、私の立場は悪く言えば「混淆主義」、中立的には「直観主義」、あるいは肯定的には「反照的均衡」論であると言ってよいと思う［Rawls 1971：§7］。つまり、互いに衝突してしまう複数の原理がありうること、そうした衝突をあらゆる場合において解決するための明確な手続きはないとする見方である。「倫理学」は、それ以外ではありえないと考えている。

その上で、さまざまな問題に対する回答の方向性について予め述べれば、私の立場は、最近その限界が論議されることの多い「リベラリズム」のある種の形態である。こうした立場には、「いわゆるリベラリスト（福祉重視派）は「環境と資源」の保護論者になるだろうが、「成長なき社会での福祉」という重荷をリベラリズムは支えきれない」［加藤尚武 1991：76］という診断に耐ええないのではないかという危惧は常にある。「問題は、自由主義を救うべきかどうかである。地球全体のエネルギー消費規模を制限しながら、個人の自由を拡張し、個人の権利擁護をもっと強めるという実現困難な課題の達成を目指すかどうかである」［加藤尚武 1993：134］という問いかけは大きい。救うべく「試みる」しかないとしか言えないところに立っている。

（2）「厳密な学としての倫理学が可能なら、実際に示すべきであり、不可能であるなら実用的な判断体系を示すべきである。その学問の可能性について、永遠に「目下検討中」という解答を示す以外に、いかなる発言もしない学問に存在理由があるとは、私は思わない」という加藤尚武の発言［加藤尚武 1989：250］は、やはり相当の「居直り」だと思う。「そう言う加藤だって、文句なしに「実用的な判断体系」を提出していないじゃないか」という「学者」の応答が見える。もっとも、話はここからで、「欠点がないわけじゃない。でも、とにかくそこそこに実用的なものを出した」と加藤は答えるだろう。だが、そういうことであれば、加藤ほど「切れ味」は良くなかったかもしれないが、なかったわけではない。とはいえ、加藤が念頭においているのは、「学問の可能性」の「基礎付け」論者であるし、そういう学者には「加藤だって……」という資格は確かにないと思うから、「気分」は分かる——と言うことになる。

（3）「応用倫理学」における議論の背景となる倫理学理論として、いわゆる「義務論」と「功利主義」とが対比的に言及される。あるいはさらに、「共同体論」「徳の倫理学」といったさまざまな理論を加えてもよいが、これらは、誤解を恐れずに言えば、「義務論」と「功利主義」とを背景として描かれてくる「倫理的であること」のヴァリエーションである。

（4）いずれにせよなされることがないのは、たとえば、「第1種特殊情報処理技術者」資格試験の倫理「問題」に答える「知識」を与えるための「実務的」な「倫理教育」とでも言うべき「教育」である。そして、入門において「実務的」な倫理教育をしないことは「正しい」ことであるとも考えている。ただし、このように語ることは、それが「無意味」だということではない。それどころか、極めて重要である。どのような背景的理解のもとであれ、「暗記」したことは、何らか「行為」に反映することになるからである。しかし、それだけに、背景的理解に関わることがさらに重要となる。大学における「倫理学」教育の意味は、それが幻想でないならば、この背景的理解に関わっている（はずである）。

（5）あながち冗談ではない。

（6）「インテグリティ」ということで私はここでは、行為主体としての崩壊をもたらさないような仕方で「人格を保っていること」といった「弱い」意味で使い、しばしば論じられる「あるべき」理念としての「統合性」といった規範的な意味では用いない。そうした「インテグリティ」については「ユニティ」という表現を用いたい。いわゆる「いじめ」における「いじめる側」の問題は、そうしたインテグリティの

「発現」のあり方として分析される（[内藤朝雄 1996] 参照）。

　なお永井均は、こうしたインテグリティの成立について「まったく不思議なことだが、学校で習ったわけでも、親に教えられたわけでもないのに、ふつうの人はこのことをはじめから知っているらしい」[永井均 1996：158] と述べているが、一般的には「まったく不思議なこと」ではない。学校で習い親に教えられているのである。ちなみに永井の「倫理」の話の「魅力」は、まさにそれが「倫理学」ではないところにある。つまり、「倫理学」の話として読むならば「賛同とともに無関心を示す」しかないことにある。「倫理学」の課題は、永井のように「倫理」が「裸の王様」であることを示すことではなく、「裸の王様」にそれなりの「着物」を着せることにある（言うまでもないが、これは「批判」ではない）。

（7）最大のものが、いわゆる「教育」である。

（8）私は、人間の「自然」ということでいわゆる「超」歴史的な「本質」を想定しているわけではない。確かに、現世人類の「歴史」は、たかだか一〇万年前後であり、その間に人間の生物学的あり方に根本的な変化があったとは考えず、また「倫理」のあり方についても根本的な変化があったとも考えない。その限りである種の「本質主義」とされるかもしれない。しかしながらそれでもわれわれの「倫理」は歴史的に変化してきた何かである。そうした変化や幅の全体を「自然」と呼んでいる。

（9）一般的に「なぜ（常に）道徳的であるべきか」という問いへの完全な回答は不可能であり、不毛である。時として「道徳的である」ことを求めることが一般的に不当であるわけではないことを前提した上で、「なぜ、この場合には、そうするのが道徳的に正しいのか」が論じられるだけである。

（10）この点についての微妙な問題については、さしあたり、[Nagel 1978]。

（11）人間を取り巻く世界のあり方に関して「外れ」てばかりいれば生存は不可能であるという意味におい

て、真理の把握にも関わっている。このことを否定するものではない。

(12) 簡単には［Hull & Ruse 1998］の Part VII のルースの序文、そしてローゼンバーグ、ソーバー、ウィルソンの議論を参照。

(13)「相互利他的利己主義」と訳した‘reciprocal altruism’は一般には「相互利他主義」と訳されているが、ミスリーディングである。‘reciprocal altruism’は生物学的には「利己主義」以外ではない。なお念のため確認しておけば、「利他主義」者は自己へのコストの大きさにかかわらずに「種のため」に「利他的である」必要があるのではない。つまりいわゆる「自己犠牲」者である必要はない。「利他的利己主義」者と「利他主義」者とは、直観的にはたとえば「違反者」に対する「制裁」にどれほど「協力」的であるかによって区別される。「利他主義」者は、見逃さない方が全員にとって利益となるにもかかわらず「違反者」を見逃す。確かに「利他的利己主義」者のほうが「合理的」なのである。

(14)「相互利他的利己主義」は、交渉が長期間繰り返されることと、交渉相手と結果を弁別・記憶できることとが満たされれば可能である。

(15) 現世人類は、進化の産物としては石器時代の環境のもとに、それへの「適応」として「誕生」して以来、本質的には変わっていないと想定する。「利他主義者」に対する「集団選択」がその時点で働いていたとしても、その後も現世人類がそうした「集団選択」の単位となっているとは考えない。

(16) そうした「倫理」観を示す典型的な議論として、［Gauthier 1986］参照。またゴーシエの構想について簡単には［安彦一恵 1992］。なお私は、こうした否定的なコメントにもかかわらず、倫理の問題が個々の「行為」ではなく「傾向性」のレヴェルで論じられるべきことを、ゲーム論的枠組みの中で（彼の解決がどれほど怪しいとはいえ）明確に論じたことは、彼の重要な貢献であると考えている。

(17) おそらく原理的には「功利主義」的枠組みのもとで。

(18) 人間の行動、そして倫理は、「利己主義」と「相互利他的利己主義」と「利他主義」の三者の（倫理の場合は、「進化的に安定な戦略」ではないとしても、かなりの安定性のある）微妙な「混合戦略」ではないかと考えることになる。

(19) [Dewey 1922 : 56] におけるプラグマティズムに示されているような過程である。私は、広い意味での「自然主義」者ではあるが、道徳的性質に関する「実在論」者ではないことになる。表現の上ではムーアと対照的な立場に立つことになる。ただし、だからといって直ちにムーアが「自然主義的誤謬」として断罪した規範倫理に関する「自然主義」者となるわけではないし、いわゆる「メンタリスト」ともならない。ムーアの批判した意味での「自然主義」者ではないのは、倫理の自然的事実への「還元」を試みるわけではないからである。それは、「自然化された知識論」においても、「知識」が「観察」に還元されるわけではないようにである。また、道徳的性質に関する「実在論」者ではないのは、「反応」は何らか「事実」に制約されているとしても、それは道徳的性質という事実であるわけではないと考えるからである。そして「メンタリスト」でないのは、まさに「反応」は「事実」に制約されているからである。

(20) こうした（当然の）「不信」には、「情報の不透明さ」も関わっている。「ご理解をいただくため」の「情報」の「公開」は、（ないよりはましかもしれないが）ほとんど「情報操作」以外ではない。議論するための最低限の「信頼感」の形成すらなされないことになる。そうであればこそ批判者は、シンポジウム会場で発言を求めなかったのだろう。このシンポジウムが「政治」的には生殖技術「推進」の「ゴー」サインを出すための「儀式」的性格を帯びているという認識であったならば、何らかの発言を求めることは当然のことであったにもかかわらずである。発言を妨げるものはなかったはずである。「建て前」に過ぎないとしても公開の「学会」シンポジウムであり、否定的な発言を「封殺」することを意図していたとは思われない。このことで一方的に批判者を批判しているわけではない。その後開かれた「特別シンポジウム」で、「産婦人科学会」の元会長（?・）が、生殖技術に反対する（あるいは慎重な）委員を「倫理綱領」作成の委員会から「排除」した旨の発言を（冗談ではあろうが）慌てて「記録」から外すことを求めながら）行なったことも事実である。議論に必要な「信頼」の「場」が成立していないのだ。

なお私は、「信頼」ということが、「倫理」にとって不可欠であると考えている。またその基盤は、人間においては生物学的な場面にまで遡りうると考えているが、未だ論ずることができないことを残念に思う。とりあえず、［高橋久一郎 1996b］、また最近の興味深い研究として［山岸俊男 1998］参照。

(21) われわれはどこまで「この場合」という個別的な事態にまで考察を広げるべきなのか。ある意味では、「理論」と「応用倫理学」を分けてきたのは、この問いである。そして回答は、一般的な分節点はないというのが、正当な回答である（はずである）。

(22) 臓器移植問題との関わりで、この問題を「選択の自由論」として批判的に検討した小松美彦［小松美彦 1996］は、「死の自己決定権」という想定に関わる興味深い議論を提出しているが、最終的には「選択の自由論」を批判しきれてはいない、あるいは「選択の自由論」そのものを批判してはいない。一般的に「選択の自由論」を批判するためには、「独立の主体」としての個人という「理念」（「フィクション」と言ってもよいが）を「解体」しなければならないが、それは余りに大きな代価を払うことになる。人間のあり方の関係性を論ずる程度のことでは主体は解体されない。

(23) 典型的には、「先端技術」が「成熟した技術」に到達する以前の「離陸」期における社会関係の変化に伴う「権利」関係の「不安定」さの問題を考えればよい。そこでの倫理問題は、「安全性」の問題であると同時に、さまざまな「利害」に関わる「権利」の再「分配」の問題である。この点について簡単には、[高橋久一郎 1997]。

(24) 代表的には加藤尚武である。最近しばしば、加藤「批判」ということ(「批判」そのものではなくて)が論じられている。それは、この点に関わっているように思われる。だが、「批判」のあり方として、加藤の「実用的な判断体系」に対して、その「体系」の「原理」の不整合を形式的に指摘するのは、ほとんど無力である。そうした「批判」は加藤にとってたかだか「むず痒い」だけだろう。「不整合」でしかありえないことを加藤は「見切っている」。私もまたいわゆる「原理」的なことに関しては不整合であるとされるであろうことを論じないわけにはいかない。あるいはまた、川本隆史は、加藤をして、加藤は「〈権力＝知識〉の視座を欠いたままで現代の科学技術を論じようとするものだから、「人間の自然を見極めて、技術の限界を自ら定めなければならない」という御託宣しか引き出せない。……自らの言説の効果や権力関係における位置に関しても自覚的であってほしいものだ」[川本隆史 1995：116] と評しているが、加藤はそれほど素朴ではない。「自らの言説の効果や権力関係における位置」について十分「自覚的であ」るからこその発言である。「批判」するとすれば、このように語ることは「気分」でしかないが、加藤の「スマートな解決」についての違和を、「事実」とともに細かく論ずるより他はない。

(25) [加藤尚武 1996a] [加藤尚武 1996b] [加藤尚武 1997]

(26) 一番の問題は、その遺伝子「治療」が他のありうる治療法に比べて(「安全性」について考慮した上でも)「有効」であるかという点にあるからである。現状における問題は、そうした根本的な問題について明らかにされることなく、「他に治療法がない」ことを「錦の御旗」として、「治療」がすすめられようとしていることにある。遺伝子「治療」一般の問題については、[高橋久一郎 1996a] 参照。

(27) 私は、ここで述べているようなことを加藤はすっかり承知していると思う。「苛立ち」の根はまさにそこにある。

(28) 逆の「暴言」の形で述べれば、「遺伝子「治療」がされない限り、あなたは「呪われた生を引きずって生きる」しかないのです」。

(29) 私は「外ではリベラル、家では家父長」という最悪のパターンである（らしい）。身に付いていないからいろんなところでボロが出る。指摘されると思い当たらないこともないから、全くは否定できない。このコンテクストでは「私」のことが問題であるから、「居直り」にしかならないが、一般的にはリベラルは「家父長制」と両立できる論理である。それどころかフェミニズムからは、「家父長制」を隠蔽しつつ内包しているからこそ、「公的世界」の倫理として（不当にも）有効性を維持しているとされよう。

(30) ピュリッツァー賞まで取ってしまった「ジミーの世界」のような全くの「でっち上げ」は論外としても、さまざまなレヴェルでの誤報・虚報が数多くあることは確かである。

(31) 「いまさら」この二冊を挙げたのは、それに対する［加藤尚武 1996a : ch 8, 9］の「反応」に注意したいからである。同時に、私は加藤に対して含むところがあるわけではないし、それどころか私を倫理学という「泥沼」に導いてくれた恩人であり、自分が考えていく上での対照者として尊敬しているから、「カーソンは、自分で新しい事実を発見したのではなくて、情報を集約して、そこに個々の情報では見えない連関を指摘した」［加藤尚武 1996a : 210］といった指摘をしていることも確認しておきたい。

(32) 「冷静な第三者」という立場から、自らの子どもの「脳死」に直面して「二人称」の立場に立つことになった悩みと困惑の記録である。

(33) これだけ「すごい」内容の著作に対して、「訴訟社会アメリカ」の P&G が著者に対して訴訟を起こしていない（起こせなかった）ということは、いかに「事実」の検証が重要であるかを示すものである。

(34) 実質的には「法学」「経済学」との接点も大きくなっているが、さまざまな「改組」にもかかわらず多くの「大学」においては依然として「学部」の壁があるから、それほど目立たない。

(35) [Nagel 1972] 参照。

(36) 身近なところで例を挙げれば、ある種の場合における「妊娠中絶」である。

(37) あまり身近な例ではないかもしれないが、テロリストの仕掛けた多大の被害をもたらすと思われる時限爆弾を発見するためにその家族を拷問するといった事例である。ただし、この場合にも、状況によっては「容認」せざるをえない場合もあるかもしれない。一般にいわゆる「ダーティハンド」の事例は、当の行為者の問題であると同時に、あるいはむしろ当の行為者より以上に「われわれ」の問題である。現代においては、事前にそうした行為に公然と異を唱えた人でさえ、「関与」を否定できないところがあるように思われる [Nagel 1979 : 34. note 10]。また、[Williams 1981] 参照。

8 相互行為としての〈教育〉
――言語資本をめぐる議論を手がかりに――

●壽　卓三

デューイは、アメリカが第二次世界大戦に参戦した直後に、ナチズムと関連づけながら、経験による吟味に媒介されない「抽象的かつ絶対的な「理想」を信ずる危険性」について指摘する。(1) 和辻哲郎もまた、外国での研究成果の輸入をもって学問の進歩と考えるような眼界の狭さを克服し、「みずから考える力を養う」という学問的精神に心底から目覚めることが、敗戦という「未曾有の不幸」から日本国民が再生する要諦だと、敗戦直後に述べている。(2) 民主主義の普遍性を信奉するデューイと、文化の多様性を主張するがゆえに天皇制支持を表明する和辻とは、その思想的営為の帰着するところを異にする。しかし、共に、理論的抽象的思索が、実験的分析や経験的活用に媒介されると同時に、その成果だけではなく、その営みの精神そのものが、〈専門家〉の占有物ではなく、広く人々の共有物となるべきことを説いているのは、極めて興味深い。この主張の意味するところを倫理学に即して捉えるならば、〈倫理学的探求〉は、理論的考察にのみ終始すべきではなく、この考察が具体的な社会的状況においていかなる経験的有効性を持つかを批判的に吟味すると同時に、この吟味の営みそのものを開かれた共同作業にするという課題をも担うことになろう。

しかし、倫理学的探求に課せられた課題はこれだけに尽きるわけではない。〈実践〉倫理学の提唱者P・シンガーは、人々が私益の追求に汲々としている時代において、「倫理的に生きるということは、正しい態度をもち正しい意見を発表することではつきない」[3]と説く。倫理学的探求は、われわれの日常的営為そのものを変革する可能性を究明するだけでなく、現実を実際に変革する実行力を持つことをも求められている。このような課題を前にするとき、自らの営みを〈倫理学的探求〉と呼ぶのは躊躇されるが、以下、理論倫理学・応用倫理学・教育の統合の方向性を、言語資本をめぐる議論に即して究明したい。

1　理論倫理学・応用倫理学・教育の統合への要請

さて、倫理学的探求において、〈理論的考察〉〈応用的次元〉および〈開かれた吟味〉といった地平の統合が要請される背景については、二つの視点からの考察が必要となる。一つは、このような要請が登場してくる客観的契機の解明である。もう一つは、このような外部からの要請を、自らの課題として いく研究者自身にとって、この要請が、いかなる意味で「みずから考える」に値する問題となるのかを明らかにすることである。

★統合を要請する外在的契機

倫理学は、〈実践〉哲学という別名が示すように、元来現実との対応関係を志向したものであり、その限りでは、今、殊更に、〈応用〉倫理学ということが云々されるのは奇妙な現象であり、この現象自体が、倫理学的探求がいかに不毛な状態にあるかの証とも言えよう。しかし、今さら、従来の倫理学的探求の不毛さを言挙げしても生産的ではないし、また、応用倫理学が、今新たに問題にされるのには固有の事情もある。B・アルモンドは、理論倫理学と応用倫理学との統合が要請される背景として、次の四点を挙げている。[4]

①生殖の新たな方法や、生の目的に影響を及ぼすような新たな医療技術の進歩

②アメリカのヴェトナム戦争参戦の是非をめぐる対立の中で顕在化してきた、市民的不服従やプロテストに内包される道徳的ディレンマ、及び、政治的目的のための暴力使用の正当性如何に関する問題

③動物の権利や地球的規模での環境危機といった事態に対する意識の広がり

④ビジネス界での一連のスキャンダルに伴って顕在化してきたビジネス・エシックスといった問題領域の増大

このような、〈世界像の時代〉における科学技術の著しい発展によってもたらされた新たな状況が、

理論倫理学と応用倫理学との新たな統合を要請している。ところで、倫理学が、理論的な考察から歩を進めてその応用への道を語り出すとき、しばしば、〈教育〉への期待が表明される。たとえば、K・S・シュレーダー＝フレチェットは、「救命ボート倫理」から「宇宙船倫理」への移行が、強制的な環境保護によって推進されるのを回避するには、「努力と教育」が必要だと説く。(5) C・マーチャントもまた、J・S・ミルに依拠して、「住みよい世界」の建設に際し、「教育が、自分勝手な動機に打ち勝ち、深く根ざした、他の人間たちとの結びつきの感情を作りだす」ことに期待を寄せている。(6)

応用倫理学において、その現実的有効性の鍵を握るものとして期待される〈教育〉は、その際いかなる営みとして理解されているのか。教育における「権威」の不可欠性を説くJ・ハルダーンによれば、教育とは、権威に依拠しつつ、ある世代から次の世代へと一連の認知的ならびに社会的価値を伝承する営み、つまり、「受容者の中に、或る伝統に対する理解及び尊敬の念を教え込む」営みに他ならない。(7) 形式的に語るならば、教育とはまさにこのような営みであろう。しかし、この規定は直ちに疑念を生じさせる。教育の成立の基盤となる「権威」はいかにしてその地位を得るに至ったのか、また、「伝統」ということが語られるとき、それはいかなる伝統なのか、そもそも伝統は一枚岩的に語りうるのか、もし伝統が多元性を持つとすれば、その中で、ある特定のものが優位性を持つということをいかなる意味で正当化できるのか、といった疑問が直ちに生じるのである。

教育は、コミュニケーションを介して、学ぶ側をある特定の方向へと社会化することを目指す。しかし、学び手は、この意図から距離をとる自由を絶えず保持している。つまり、教育の成立如何は、原理的には、〈教え手〉のその都度の暗黒の中での跳躍が、〈学び手〉によってその存在意義が承認されるか否かにかかっている。その限りでは、「教える－学ぶ」という非対称的な関係における真の主人は、学ぶ側の合意に依存せざるをえない教え手ではなく、学び手に他ならないとも言えよう(8)。しかし、歴史的に反復される実践において絶えずその意義が確認されていくうちに、教育は、やがて社会的強制力を持つ権威となり、〈社会人〉は、自明化した権威を獲得するに至った学校という制度に自発的・内発的に適応するようになる。しかし、新参者である学び手が、学校教育という共同体的実践の歴史的連鎖へと参加するのは、必ずしも、学校教育の権威を自発的に納得・承認するからではなく、むしろ、社会的に強制されるからに過ぎないとも言える。このような現実を踏まえると、教育とは権威に依拠して、学び手の内に伝統に対する理解・尊敬を教え込む営みという規定は、形式的には妥当だとしても、現実的有効性についてはかなり危うい規定と言えるわけであり、ましてや、教育が置かれているこのような実相への省察を経ずに、応用倫理学が教育にあまり過大な期待を寄せることは、責任の先送りに過ぎないとも言えよう。ここに、理論倫理学・応用倫理学・教育に関する統合的省察が要請される客観的理由が存在する。

★統合を要請する内在的契機

理論的考察、その応用およびその伝達・共有化という営みを統合せざるをえない外在的契機が明らかになったわけであるが、このような統合への要請をわれわれの内在的契機とさせる固有な問題構成とはいかなるものであろうか。

われわれが自らの倫理学的探求の成果を現実社会にフィードバックしていく上で、学会・学会誌等を介した活動もさることながら、大学での教育活動が大きな意味を担っている。では、そこでの教育活動は、どのような様相を呈しているのか。多少、戯画化してはいるが、教育活動の実相を鋭く描き出したD・マメットの戯曲『オレアナ』を手がかりに、倫理学的探求の成果を現実社会にフィードバックする際に出会う問題を明らかにしておこう。

現代の新たな理論に依拠してペダンティックで難解な教育論を展開する大学教師ジョンは、「大学教育は侵されざる善」だと信ずる「大多数の中流階級」を揶揄する。彼は、第一幕では、教師やクラスのみんなが何を話しているのか全くわからず、ただ「にこにこしてる」バカな女子学生キャロルに対して、圧倒的優位者として登場する。しかし、第二幕では、両者の優劣関係は逆転し、大多数の中流階級を揶揄するジョン自身が、「ぼくは学校以外にも義務があり、例えば、ぼくの家庭に対する義務は同程度の比重を持っていた、いや、持つはずのものだ(9)」と主張して、平凡な生活者としての実態を露呈する。この弁解は、「教育をシゴキと呼び、自分の厚く守られた、高いエリートの椅子から見下ろして、わたしたちの右往左往をジョークと呼び、わたしたちの希望と努力を鼻で笑う(10)」と、さらなる攻撃を招く。そして、第三幕では、「バカが。私をなんだと思ってるの？　ここにのこのこ出てきて笑顔に丸めこまれると思ってるの？　このおしゃべりのバカが。わたしが〝復讐〟したがってると思ってるんだ。復讐なんかしたくない。欲しかったのは理解なのよ(11)」という批判を浴びる中で、ついに、ジョンはキャロルを椅子で殴りつけて幕となる。

ここには、〈ジョンが体現する白人男性を中心とする旧来の言語＝価値体系〉と〈旧価値体系をほぼ解体してしまった対抗的言語＝価値体系〉とが、それぞれ論理的一貫性を持ち、かつ両者を媒介する手だてを解体しながら反目しあうという出口なき状況が出現している。[12] このような反目が、実は多かれ少なかれ日々演じられているというのが、教育現場の実相ではなかろうか。このような出口なき反目を招く根本的原因は、自分の依拠する言語体系・価値体系を絶対視する〈自文化中心主義〉だと言えよう。この隘路からの脱出が教育再生の要諦であるが、果たしてそのような道は存在するのだろうか。

C・テイラーによれば、自文化中心主義の隘路から抜け出すには二つの方途がある。一つは、「近代性（Modernity）」の多様性を承認する「文化理論（cultural theory）」であり、テイラーはこの立場をとる。というのも、彼によれば、近代化の過程を「文化中立的（acultural）」と見るいま一つの立場では、近代性にはさまざまな代替案がありうることが看過され、かえって自文化中心主義の弊害を強化しかねないからである。[13]

これに対し、T・マッカーシーは、テイラーの言う「文化中立理論（acultural theory）」の立場をとる。というのも、彼は、社会的行為が文化的制約を帯びざるをえないことを認めながらも、その行為の正当性が問われる次元では、「特殊共同体的なもの、特定の文化の合意」からは独立した「十分な根拠」が追究されていると考えるからである。対立する当事者たちが、私心のない三人称的立場をとることは確かに困難であるが、行為の正当性をめぐる当事者間の争いにおいて問われるのは、成立した合意の内容というよりも、むしろ合意の形成過程であり、合意の根拠そのものの正当性如何に他ならないと考えるわけである。[14]

自文化中心主義から脱出する方途をめぐるこの原理的葛藤は、教育現場において言語資本をめぐる葛藤として具体化する。

2　ことばを手がかりにした問いの再構成

★言語ゲーム論のポジとネガ

人間は、生物学的な〈欠損存在（Mängelwesen）〉として、何らかの制度化された社会秩序がすでに存在していることを、その生の要件とせざるをえない。その限りにおいては、「生の形式」と結合した言語ゲームという語用論的文脈に着目して、名詞に定位した意味構成を自己充足的なものとする立場では「言語は休暇中である[15]」と捉えたヴィトゲンシュタインや、道具的存在者に対して、文脈に依存しつつ世界了解的に関わる在り方から、価値関心を捨象して凝視する態度へと移行することを、「道具的存在者の世界適合性の脱世界化[16]」だと捉えるハイデガーは、まさに、「生の形式」や「生活世界」が、われわれの世界や自己との関わりにとっていわば〈超越論的制約〉に他ならないことを洞察している。

この洞察は、近代哲学の持つ意識内在主義的な傾向を克服するものとして、確かに積極的意義を持つ。しかし、またこの積極性は、同時に彼らの思想の問題性を意味することにもなる。というのも、K-O・アーペルが指摘するように、子どもは元来、母語の使用という言語能力に拘束されずに、一つの言語を他の言語へと翻訳するというコミュニケーション能力を持っているが、彼らの理論では、規則を解釈・反省し、新たな規則遵守の手続きを開発するという子どもの持つこの特異な能力について説明不可能となるからである。[17] 確かに、しばしばハイデガーの思想的限界性として指摘されるように、ハイデガーは〈平均的日常性〉を〈非〉本来性として、この日常性から距離をとることを志向する。しかし、この〈脱・慣習〉の在り方が問題なのである。『存在と時間』における平均的・公共的な世界了解・意味了解に対する批判の焦点は、その「根こそぎ（Entwurzelung）」[18]ということにある。この無根化、地盤喪失を危機と捉え、始源への回帰を志向するのは、ハイデガー思想の一貫した傾向であるが、原初の回復は、必ずしも事柄の普遍的真理の回復を意味するわけではない。[19] また、相対主義、歴史性を徹底した両者の思索では、実際の「語用法」、偶然的な生の形式に依拠するあまり、〈アウシュヴィッツ〉を越えて、「定言命法」に従うことは不可能となる。[20] それゆえ、脱・慣習的情況においても合意形成が可能となるためには、規則遵守について合意を形成する統制的理念として、非限定的で理想的なコミュニケーション共同体内部で形成される理想的合意という規範的概念の想定が必要であり、〈哲学的議論の想定する究極的前提〉と〈具体的生の形式の根本にある偶然的な前提〉との相互補完的関係（complementarity）を構築することが不可避になってくるはずである。[21]

★B・バーンスティンの言語コード理論

われわれの生活世界そのものに内包された普遍性への志向と個別性への志向とのこの葛藤を、言語行為の具体的な場面に即して見てみよう。イギリスの教育社会学者B・バーンスティンは、イギリスの中産階級と労働者階級の五歳の子どもの話し言葉に関する次のような実験を行なっている。子どもたちに、〈数人の男の子がフットボールをしている〉・〈ボールが窓から家の中に飛び込んだ〉・〈女の人が窓から首を出し、男の人が怒ったような身ぶりをしている〉・〈子どもたちが逃げていく〉といった四枚の絵を見せ、それについて語らせるという試みである。その結果、中産階級の子どもと労働者階級の子どもとの間には、有意の差異が存在すると指摘する。[22] つまり、中産階級の子どもたちの話しことばでは、個別的に共有された情況の役割は相対的に後退し、明確に分化したシンボルに担われた、情況から相対的に独立した普遍的な意味が優位になる。これに対し、労働者階級の子どもたちの話しことばでは、情況の共有・暗黙の了解ということへの依存度が高く、シンボルの分化は比較的単純である。バーンスティンが言うように、「子どもたちの言語的な規則体系の暗黙の理解力に差があるというわけでもない」とすれば、このような差異は、なぜ生じるのか。彼によれば、この差異は、絵を見て説明するといった形式的に仕組まれた情況でも、中産階級の子どもたちが、「自分の答えが正しいか間違っているかという点に強い関心を持つ」のに対し、労働者階級の子どもたちは、この説明の要求において、情況から独立した普遍的意味を引き出すように要請されていることに対し無自覚だということに起因する。それゆえ、たとえば、子どもたちに絵を見せて自由に物語を創らせると、労働者階級の子どもたちの方が、型にはまった制約された話しか創れない中産階級の子どもたちよりも自由で想像力に富んだ話を創るということにもなるのである。(23)

このような差異は、S・B・ヒースによれば、家庭での言語使用の在り方に起因する。彼女は、ノース・カロライナにある黒人工場労働者の小さな共同体T、白人工場労働者の小さな共同体R、さらに都市住民について、それぞれの社会における就学以前の言語使用・生活の在り方が、学校生活にどのような影響を及ぼすかに関する民族誌学的研究を行なっている。この研究の中で、バーンスティンが問題にしていた相違は、たとえば、共同体Tにおいては、聞き手の興味を喚起することが重視されるがゆえに、語りの虚構性が承認されるのに対し、共同体Rでは、事実に即して話すことが要請されることに起因することを明らかにしている。(24)このような相違は、さらに遡源すれば、共同体Tでは、子どもは「家庭に生まれるのではなく、共同体に生まれる」のに対し、共同体Rでは、両親が、子どもの在り方に対し責任を持つという養育そのものの共同体との関わりの相違に由来する。(25)そして、共同体的結合が解体した都市住民においては、子どもの教育はもっと私事化し、子どもは新生児の段階から独立の知的個人で、会話可能な存在と見なされ、「会話」も「育児」という観点から捉えられる。(26)

ところで、情況依存性のきわめて高い「制限コード（restricted code）」に定位した言語文化と、情況から相対的に自由な普遍的意味表現を志向する「精密コード（elaborated code）」に定位した言語文化とは、どのような関係にあるのだろうか。それぞれの言語コードの持つ有効性と限界性について、バーンスティンは次のように述べている。

多くの複雑な工業化社会では、異質な収斂化をした経験〔制限コード〕は学校の中ではその価値を認められず、軽蔑される。あるいは、せいぜいのところ教育活動にはふさわしくないものと見なされてしまう。それは学校が精密コードとか、そのもととなる特定の社会関係を前提としているからである。たとえ精密コードが特定の価値体系をもっていないとしても、中産階級の価値体系は学習という情況そのものの構造にまで浸透している。精密コードは様々な現実への接近を可能にはするが、思考から感覚を、他人から自己を、役割義務から個人の考え方を疎外する可能性をも含んでいる。(27)

まさに、言語資本の所有をめぐる葛藤が生じているわけであるが、教育が、この葛藤において、精密コードを所有した中産階級の一元的文化支配という事態の招来に荷担するのではなく、文化多元的社会の実現を援助する営みとなるために、バーンスティンは、学校・教育に対し二つの課題を提起する。一つは、学校が社会の支配的圧力を単にそのまま伝達したり、あるいはより増幅した形で伝達しないために、「教育制度と職業体系との関係を希薄化させる方法」(28)を見いだすという課題である。いま一つは、「カテゴリーの純粋さへの明白な表現である深さの教育」は、いわばトゥリー状の統一的権威体系を創り出し、エリート主義者に有効に機能するがゆえに、既存の権威体系を弱め、権威体系

を複数状態にして「合意性志向」を強化していく「広さの教育」へと教育の在り方を転換するということである。(29)

3　文化的葛藤の調停可能性に向けて
――〈同一性・差異性〉図式の動態化――

★再生産論の脱構築

P・ブルデューやバーンスティンによる教育における文化的再生産に関する議論は、教育を本質的に中立的な営みと捉える教育理論に対して、一定の重要な知見をもたらしたことは事実であろう。しかし、M・W・アップルによれば、再生産論においては、多くの場合、文化や政治が支配階級の利益を受動的に反映する鏡のようなイメージで捉えられているところに問題がある。アップルによれば、ブルデューの仕事は依然配分理論にとどまっていて、学校も企業社会によって必要とされる文化商品の基本的生産様式の一つとして機能していることを看過している。(30)アップルは、学校において公的・潜在的カリキュラムを通して教えられる階級文化や支配的な社会のメッセージは、生徒によって、単に受動的に内面化されるとは限らず、階級的（人種・ジェンダーによる）反発によって変容される可能性があることに着目する。そして、学校の持つ「生産の制度」としての契機は、反発といった消極的反応にとどまるものではなく、確かに積極的可能性をも内包する。しかし、そこには同時に、「企業経済は、経済装置が効果的に機能し、経済的拡張の機会が最大になるように高水準の技術的知識が産出されることを要求する」(31)という問題性も内包されるのであるが、配分理論的学校・教育理解にとどまる限り、このような問題の理論化が立ち後れてしまう。(32)

アップルのこの「再生産論」批判は、基本的には、再生産論の枠組みを越えるものではない。というのも、「配分」に対する「生産」の側面の強調がアップルの主張の眼目だが、この主張はブルデューらの再生産論にはすでに内包されているからである。ブルデューは、「教育システムの相対的自律性と、階級関係構造へのその従属性の関係」(33)を指摘しているが、この相対的自律性とは、教育が、公的・潜在的カリキュラムによって、一方では階級文化や支配的なメッセージを伝達する反面、他方では、それへの反発や創造といった側面を有することを意味するであろう。さらに、教育システムが、相対的自律性を持ちながらも、根本においては階級関係構造に従属しているというブルデューの指摘は、学校の持つ生産的機能が、平等な配分よりも優先的知識の生産の強調に帰結するというアップルの主張と連続するものであろう。では、ブルデューやアップルが指摘するように、学校・教育の持つ「生産」の機能・相対的自律性そのものが、客観的には常に支配階級に奉仕するという事態、つまり、「学校は、民主主義イデオロギーを引き合いにだす社会では、他のなににも増して、また唯一納得しうるかたちで既成秩序の再生産に寄与する」(34)という事態から抜け出す可能性は存在しないのだろうか。自文化中心主義の牢獄から脱出することは不可能であり、文化相互の葛藤は力関係による解決に委ねるしかないのであろうか。限定コードに対する精密コードの一元的支配そのものを相対化し、精密コードの内的充実に対して限定コードが積極的役割を担う可能性は存在しないのだろうか。これらの問いに答える前に、言語資本間の葛藤がそれ自体としてはあまり顕在化しない日本社会において、この両コード間の葛藤が、具体的にいかなる形で学校の日常において出現するのか見ておこう。

ある小学校の授業で次のような出来事があった。社会見学でホテル探検に行った五人の女子のグループが、訪ねたホテルでジュースをもらって飲んだことを自慢げに語ったことに対して批判の声があがった。空港の探検に出かけたA子はこのやりとりをじっと聞いていたが、「せっかく出してもらったのだから飲んでもかまわない」とこらえきらずに発言した。この発言をきっかけに、A子たちのグループも空港でジュースをもらって飲んでいたことがわかり、A子が一人で多くの子どもたちの激しい非難に立ち向かうという事態となった。

この事態を「自由主義のパラドックス」の分析手法を用いて考察してみよう。まず、ジュースを「買って飲む」ということについては、飲んだAと飲まなかったBとの間に意見の相違があるとは考えにくい。つまり、両者とも「φ＞a, b」（φは空集合、すなわち、誰もジュースを飲まないを意味する）という判断を示すだろう。それに対し、サービスとして提供されたジュースを飲むことについて、意見は分かれることになる。Aは、「a＞b＞φ」、つまり、提供されたサービスを享受することは、当然許されるべきだし、それが相手の善意に対する礼儀だという立場である。これに対しBは、「φ＞a＞b」、つまり、ジュースをもらえなかった人がいて、その人たちがかわいそうだから、ジュースのサービスを辞退しなければならないという立場である。この両者の意見を、多数決原理で調整すれば、「a＞b」、つまり飲んで良いと考えるAが飲むという合意が形成される。次に、自由主義に従って各人の主張を尊重すれば、「a＞φ＞b」となり、飲んで良いと考えるAは、飲んでいいし、飲むべきでないと考えるBは、飲まないという結論になり、民主主義の原理に従った合意とも合致することになる。このジュースをめぐる争いにおいて真に争われているのは、「買い食いをしない」という一般原則の妥当性ではない。そうではなく、サービスの提供を受け容れるか否かという問題は、Aが主張するように、個人的な選好の領域に属するのか、それとも、Bが主張するように、個人的な選好ではなく、共有されたルールに従うべき領域なのかどうかということが問われているのである。

この争いは、われわれわれの文脈に即して次のように再構成できよう。利害が一致する場合に共通の規範を形成することは容易だが、利害が対立する場合には、各人が利己心に基づいて行動すれば、各人が優れた知能を備えていればいるほど共倒れのディレンマに陥る可能性があると言われる。持参を許された水筒以外の飲食を禁じられていても、ジュースのサービスという共通の利益を提供された集団の内部では、飲食の禁止とは、ジュースなどを「買って」はいけないということであり、「提供された親切は素直に受けるべきだ」という「限定コード」が直ちに成立する。これに対し、自分たちが得られなかったサービスを、他の集団だけが享受するとき、人間が知的であればあるほど、感情的なルサンチマンの表明に「精密コード＝倫理」の衣をまとわせて他者を断罪し、結果として「不利益の共有」を強要する。法に対して人間が主体となるのか、それともこの「法治主義」の相対化が、無秩序状態を招来することになるのか。自他の呼応、多元文化社会の困難さを示す具体的事例が、学校の日常には山積している。倫理学は、このような問題の解決に貢献する言葉を発しうるのだろうか。「言語について語る（talk about language）」というヒースの発想を手がかりに、最後にその可能性を探っておきたい。

ヒースによれば、学びとは、「慣れ親しんだ共同体の領域の社会的現実を、なじみのない学校領域に翻訳する」[35]営みに他ならず、就学以前の言語使用の在り方が、学校生活への適応に対して決定的意味を担っている。したがって、「親が子どもに話しかければ話しかけるほど、概して、子どもは学校で成功する」という通説はきわめて疑わしく、部分を全体に関連づけていく脱文脈的理解力が要求される学校で成功する鍵となるのは、話しかけの量ではなく質だということになる。[36] このような現実をふまえて、ヒースは、学びを、コミュニティと教室との壁、および、言語使用・文化相互の壁を打破し、異文化間を架橋する営みとして捉えるべく、学習者が民族誌学者となることを提唱する。その際、中心的役割を担うのが、言語使用・文化の多様な在り方について論じる能力としての「言語について語る」能力である。この能力を習得していく過程で学校・教育において啓発すべき技能として、次の四点が挙げられる。

1　科学的世界において承認されうるような受容可能な源泉や権威に基づいて発言する
2　手短に正確に質疑応答する
3　教科書や科学の教師が用いるような科学の語彙を知る
4　ある論題について、その事柄に関する自分の直接経験に基づいて議論するのではなく、事柄自身に基づいて議論するこのような技能を啓発する過程において、限定コードないしは精密コードのいずれかにいたずらに執着せず、脱・慣習的段階における新たな合意形成を可能にする要件である特殊性と普遍性とを相互媒介する言語能力が次第に習得されていく。これは、学校・教育の持つ「生産」装置としての契機のうちに、単に既成の文化の再生産・強化という事態をのみ読み取るのではなく、逆に、既成文化を脱構築していく積極的可能性を探り出す試みであると言えよう。

★「正統的周辺参加」論

学びとは、身近な日常的世界とそこからある程度距離のある科学的世界とを往還する営みである。このような営みが可能となるためには、具象的な世界と抽象的な世界とを統合しうる〈意識の二重性〉が必要となる。つまり、〈いまここ〉にありながらも、当面の〈いまここ〉と無関係な事柄に関与するには、〈いまここ〉の〈現実〉に生きる「実在的自我」であると同時に、観念的で虚構の主体、つまりは一つの「仮象自我」でもなければならない[37]。遊びは、学びに不可欠なこのような意識の二重性に支えられた活動であり、共同体の既成秩序を動態化させる。したがって、遊びや学びにおいて、新参者や周辺人の新たな呼応の在り方は、原理的には、共同体の既成秩序の硬直化を防ぎ、共同体を再生・活性化させる積極的契機であると言える。しかし、遊びや学びは、その成立に不可欠な意識の二重性の柔軟性・流動性を喪失する危険性を持っている。西村清和は、遊びが「擬態」として出現するとき、偽装された意識の二重性が、遊びを「いじめ・生きジゴク」へと転化させていく機制について、鹿川裕史君の事件に即して次のように指摘している。

葬式ごっこが鹿川君に仕掛けた罠は、それが本来は、無記名性の悪意によるひとつの企て以外ではないにもかかわらず、これをあくまでごっこ遊びと称することで、これに参加するものに、遊びのルールにしたがって、自分にわりあてられた遊び関係の「項」の役割にとどまることを強要する点にある。これが遊びをよそおうことで、行為主体から企てや自己主張を捨象して、個人をもっぱら関係の「項」とそのふりに還元してしまう、「劇場のパフォーマンス」の、致命的な病理である。(38)

ステレオタイプ化したごっこ遊びに典型的に見られるように、遊びは、各人が行為主体であることを無自覚にし、各人を関係とその項に還元してしまう側面、つまり各人に既成の秩序への順応を強要する側面を持つ。〈自発的〉参加や〈自然発生〉的性格、さらには〈相互的な〉同調といった事態が単なる擬態にとどまり、遊びや学びの本質を構成する交換と相互性が阻止されるとき、この擬態としての遊びや学びは、むしろ主体的判断を剝脱するという側面のみを強く浮かび上がらせて、応分の責任を担うべき〈当事者〉を欠落させるゆえに、暴力性をとめどもなく競り上がらせてしまう危険性を持つ。学校・教育が、既成秩序の再生産・強化としての機能を肥大化させてしまう危険性を回避して、生産装置としての積極的可能性を発揮するには、自他の同一性・差異性に関する新たな理解が不可欠となる。

新生児は、新参者でありながらも、家族という共同体に単に受動的な学習者として参加するだけでなく、その共同体の在り方を大きく変動させる。[39] 社会の再生産過程である学びにおいても、原理的には確かに、新参者が周辺人でありながらも実践共同体へ参加することは正統だと見なされる。新参者は、最初はその共同体における熟練者・古参者と緊張関係を持ちながらも、やがて熟練者となり、自らがまた新たな新参者に対して、新たな緊張を生み出す熟練者・古参者となり、ついにはその共同体からは退いて、新たな共同体へと新参者として参加していくというプロセスを反復する。しかし、巨大化し制度化された学校組織や社会におけるこの反復のプロセスにおいて、新参者が、新生児について語られるような事態を経験することはきわめて困難なこともまた否定できない。また、異文化相互の出会いは、予定調和的に進行しうる過程ではなく、文字通りの〈生存を賭けた戦い〉に至る危険性を絶えず内包している。概して、新参者が共同体の再生産、変容、変化の力動的なサイクルに創造的・建設的に関与できるためには、少なくとも二つの条件を満たすことが必要となる。一つは、共同体には硬直化の危険性が内包されていることを自覚し、新参者や周辺人の関与を、その共同体が再生する積極的契機として受容する基盤が、その共同体の中に形成されていることである。いま一つは、各個人が、このような変容のプロセスの中に自分が投ぜられることに積極的意味を見いだすということである。

われわれは、たとえ超越論的地平を語ったとしても、自らの歴史的規定性を免れることはできない。

それゆえ、自らの文化的伝統に規定されながらも、自文化中心主義の牢獄から次第に自由になっていくためには、自己の文化的規定性を透明化する努力を積み重ねる中で、絶えざる地平融合を通してより普遍的な地平の確立を志向し続ける他に道はあるまい。確かに、「普遍主義」は、自己の特殊なコードを普遍的だと偽装することで他者の特殊性の持つ積極的意義を抑圧する危険性を内包している。また文化の多様性を認める「内部的なコンテクスト主義」も、一見普遍主義と対立しているようでありながら、優位な文化の担い手は、知的な共感によって劣位の異文化についても十全な理解を獲得できるという神話に立脚することによって、結局は普遍主義同様に他者の特殊性を消去してしまう危険性を内包している。(40) それゆえ、文化相互の平等性の確立を目指すことが〈同一性の受容〉を強要することであってはならないし、また文化相互の〈差異性〉の承認に際しては、この差異性が優位性・劣位性へと変容しないよう留意することが必要である。(41) この課題に応えるには、歴史的文化的制約性の自覚と普遍妥当性への要求との共存という精神の緊張が不可欠となろう。

しかし、われわれはこのような精神の緊張に耐えうるであろうか。この緊張がわれわれを神経症へと駆り立てないためには、〈自己〉の把握そのものの変容が必要であろう。D・パーフィットは、人格についての把握を「還元主義的見解（the Reductionist View）」と「非還元主義的見解（the Non-Reductionist View）」とに区分する。デカルト的エゴに代表される非還元主義では、人格的統一性が身体的、心理的な連続性以上のものとして重視される。各人格は孤立した存在、脳や身体さらにはその経験の所有者（ownership）としてそれらとは異質な存在であり、この人格的統一性は十全に機能しているか、あるいは全く機能しないかのいずれかだと理解される。これに対し、人格が複数存在し、また各人格はその脳や身体そしてその経験と区別されることを認めながらも、還元主義では、人格の存在が、相互に分断された存在ではなく「継続する自己群（successive selves）」であり、身体的精神的出来事の生起そのものだと捉えられる[42]。非還元主義から還元主義への態度変更は、個性や自律性への執着、孤立の不安と焦燥感からわれわれを解放し、自己の社会的視野、社会的連帯性の回復を可能にするという理由から、パーフィットは還元主義を選択する。還元主義に定位するとき、自己の〈同一性〉とは自己完結したものではなく、〈他者性・差異性〉に貫かれたものであり、同一性と差異性との区別が相対化されることになる。このような〈自己〉によって構成される実践共同体は、特定の固定的な価値のヒエラルキーを持たず、この共同体の一員となるために、「〈言語＝価値体系〉について語る」能力の習得への合意は前提となるが、これ以外の特定の価値序列への同質化を条件とする必要はなくなるのではなかろうか。そのとき、自己を多様な外部に向かって開き、〈異質な〉外部を自己の再発見、再生を可能にする〈有意味な〉外部として捉え返す可能性が、かすかではあるが切り開かれてくると考える。

（1）［Dewey 1970：訳 26–27］
（2）［和辻哲郎 1977：380］
（3）［Singer 1993：訳 342］
（4）［Almond 1995：5］
（5）［Shrader-Frechette 1991：訳 97–98］
（6）［Merchant 1992：訳 97］

(7) [Haldane 1995 : 74]
(8) [柄谷行人 1986 : 6]
(9) [Mamett 1993 : 44, 52]
(10) [Ibid : 52, 62]
(11) [Ibid : 71, 82]
(12) [内野儀 1994 : 5]
(13) [Taylor 1992]
(14) [McCarthy 1992 : 248-250]
(15) [Wittgenstein 1958 : I, § 38]
(16) [Heidegger 1927 : 150]
(17) [Apel 1992 : 366]
(18) [Heidegger 1927 : 170]
(19) [Rockmore 1992 : 140]
(20) [Apel 1992 : 367]
(21) [Ibid : 370]
(22) [Bernstein 1977a : 訳 250]
(23) [Ibid : 訳 250-253]
(24) [Heath 1983 : 158, 166, 187]
(25) [Ibid : 145-146]
(26) [Ibid : 241-249]
(27) [Bernstein 1977a : 訳 260-261]
(28) [Bernstein 1977b : 訳 77]
(29) [Ibid : 86]
(30) [Apple 1982 : 訳 71]
(31) [Ibid : 訳 71]
(32) [Ibid : 訳 21-22]
(33) [Bourdieu 1977 : 訳 213]
(34) [Ibid : 訳 192]
(35) [Heath : 322]
(36) [Ibid : 350-352]
(37) [西村清和 1989 : 193]
(38) [同 : 267]
(39) [上野直樹 1991 : 102]
(40) [Connoly 1991 : 41]
(41) [Ibid : 45]
(42) [Parfit 1984 : 275, 281, 347]

あとがき

時代の要請するところもあって、日本においても「応用倫理学」は一つの学問分野として確立されたと言ってよい状況となっている。何人かの先駆者（飯田亘之、加藤尚武、加茂直樹の名前は挙げておきたい）が、冷やかしと揶揄とにもかかわらず手探りの状態で欧米の議論を紹介しつつ議論し始めた時期と比較すれば、現在では、①生命倫理、②環境倫理、③経済とビジネスといった各領域にかんするかなり高い水準の倫理学的議論が展開されている（それらのいくつかは本書の各所で個別的に言及されている）。

さて、個別的な学問分野として確立するということは、その領域におけるそれなりの「作法」が成立することである。作法が成立することは必ずしも悪いことではない。伝統的な「倫理学」とのつながりも作法が成立するなかで明らかとなり、倫理学者の多くが「応用倫理学」を論ずることになり、あるいは論じないまでもかつて示していた抵抗感を示さなくなっている。これはある意味では当然のことである。倫理学は実践に関わる学として本来的に「応用倫理学」であるはずだったからである。

と同時にしかし、学問としての作法が成立することによって「応用倫理学」もまた「学」である限りの自己運動を開始しつつある。一方では、（無意味というのではないとしても）微細な「パズル解き」であり、他方では、（状況の展開を無視しかねない）「体系化」である。そして、これらの動きにある意味では対立しながら、事態としては連動して進んでいる、実践とのつながりを保とうとするあまりの「マニュアル化」である。こうした「応用倫理学」の展開は決してそれとして否定されるべきことではない。どれもが必要なことである。かなりの部分でマニュアル化されなければ「使えない」であろうし、ある程度体系化されなければ「場当たり」となるであろうし、時としてさまざまな考慮すべき点を明らかにするパズル解きなしには議論は「停滞する」であろうから。

ところで、「応用倫理学」がこと改めて言挙げされることになったことには、現代の科学・技術の「進歩」がもたらした社会の変化によって、（あえて言えば）人類がその誕生以来の十数万年をかけて築いてきた倫理、そして二〇〇〇年以上にわたって積み重ねてきた「倫理学」がいわば「機能不全」に陥っているのではないかとの疑念、それに替わる新しい倫理と倫理学が必要なのではないかという判断が、少なくとも一つの理由としてあった。私は、かつて「応用倫理学は、特に新しい倫理・倫理学ではない」という見方を、日本における「応用倫理学」の開拓者の一人である加藤尚武に話したことがある。こうした見方は依然として基本的には正しいと考えているが、同じような言い方で語ることはできないとも考えている。

事実的な変化にともなって「倫理も変わる」という言い方を積極的にする必要があると考えるにいたったからである。典型的には「環境倫理学」の場合である。「人類の生存を図る」ということを前提しても、「誰が生存する（べきである）」「どのように生存する（べきである）」かの描き方に応じて、描かれてくる倫理の姿はさまざまである。しかしそれだけなら、倫理「内部」の問題として論じられよう。だが問題は、そこに事実的な問題が、これまでの倫理においてそうであったのとはまったくレベルを異にして、制約として働くように思われることである。このことは、例えば、生き残る人命を選別する「救命ボートの倫理」を倫理の否定であるとしてあらかじめ拒否することができず、一つの倫理的な選択肢としてリアルに浮かび上がってしまったこと、あるいはまた、九〇度方向を変えた「将来のために現在の誰かを「犠牲にする」ことは不当である。パーッとやりましょう」という選択肢もリアルなものとなってしまったことにも現われている。事実的な資源制約が単に相対的な制約にとどまらず、絶対的な制約となる（かもしれない）という状況のもとで、先の問題に加えて、「いつまで生存する（べきである）」かという問題も加わってしまったからである。

本書は、こうした現代における倫理の「機能不全」という問題に対して、倫理ということをどう考えるかという根本に立ち返って、その解決を検討しようという試みでもあった。（高橋久一郎）

＊　＊　＊

この叢書のトップに刊行された『モラル・アポリア――道徳のディレンマ』［佐藤・溝口 1998］と並んで、本書も文部省科学研究費補助金による全国規模の共同研究をベースに企画されたものである。よって本論の論考のいくつかは、平成七年度科学研究費補助金による研究成果報告書［佐藤 1996］に収められた論文をもとにしているが、編者の求めに応じて、その後の議論の展開を含めて大幅な書き改め・書き加えがほどこされた。にもかかわらず当方の多忙にかまけた怠慢ゆえ、もとの原稿を提出していただいてから日時が経過してしまい、そのためにゲラ稿への修正・加筆作業を再度お願いすることになったことについて、さらに文献指示および注記の方式を途中から切り替えたことに対しても、(編者を除く) 執筆者には深くお詫びしなければならない。

しかしながら、これらの論考が、三度の締め切りを経験しそのたびに推敲されるという、この種の企画としては稀有のプロセスをたどったことにより、まさしく本書は現時点における応用倫理学の水準と《転換》のガイドラインとを示しえていよう。編者二人はそんな (居直りに近い?) 自負の念を抱いている。もちろん作品の出来栄えについては、読者の判定をまつほかあるまい。

最後に、どこまでも遅れがちな編集作業に辛抱強くつきあい、剛柔織り交ぜたエディターシップを発揮されたナカニシヤ出版の津久井輝夫氏に対して、最大の感謝を捧げたい。この上は、本書がいささかなりとも世のため、人のための道具となることを祈るばかりである。

一九九九年一二月

編者 (川本・高橋)

のビジネス』明石書店
山森　亮（1997a）：「ニード・剝奪・潜在能力」修士論文，未公刊
――――（1997b）：「書評：岩田正美著『戦後社会福祉の展開と大都市最底辺』」『経済学雑誌』第97巻5／6号，大阪市立大学経済学会
――――（1998a）：「福祉国家の規範理論に向けて：再分配と承認」『大原社会問題研究所雑誌』第473号
――――（1998b）：「必要と福祉――福祉のミクロ理論に向けて（1）」『季刊家計経済研究』第38号
山脇直司（1996）：「倫理的経済学と経済倫理学の再構想へ向けて――学問論的サーヴェイ」コスロフスキー他『資本主義の倫理』新世社，所収
米本昌平（1989）：『遺伝管理社会――ナチスと近未来』弘文堂
鷲田清一（1999）：『「聴く」ことの力――臨床哲学試論』ＴＢＳブリタニカ
和辻哲郎（1977）：『倫理学』下〈和辻哲郎全集 第11巻〉岩波書店

界書院，所収
———（1998a）：「生命の倫理・自然の倫理——公害病の生命倫理学を求めて」加藤尚武・加茂直樹編『生命倫理学を学ぶ人のために』世界思想社，所収
———（1998b）：「文明と人間の原存在の意味への問い——水俣病の教訓」加藤（1998）所収
水谷雅一（1995）：『経営倫理学の実践と課題——経営価値四原理システムの導入と展開』白桃書房
溝口宏平（研究代表者）（1990）：『道徳的規範の妥当根拠の総合的究明——「なぜ道徳的でなければならないのか」という問をめぐって』（1990・91年度科学研究費補助金による総合研究・研究成果報告書）
見田宗介（1996）：「環境の社会学の扉に」『環境と生態系の社会学』〈岩波書店 現代社会学25〉岩波書店，所収
水俣病研究会編（1970）：『水俣病にたいする企業の責任——チッソの不法行為』（非売品）
三宅昭良（1997）：「恐るべき税制——ヒューイ・ロングのSOW計画」小岸昭他編『ファシズムの想像力——歴史と記憶の比較文化論的研究』人文書院，所収
宮澤信雄（1997）：『水俣病事件四十年』葦書房
宮本憲一編（1977）：『公害都市の再生・水俣』筑摩書房
———編（1992）：『アジアの環境問題と日本の責任』かもがわ出版
———編（1994）：『水俣レクイエム』岩波書店
毛利健三（1990）：『イギリス福祉国家の研究——社会保障発達の諸画期』東京大学出版会
森岡正博（1989）：『脳死の人——生命学の観点から』東京書籍
森村　進（1995）：『財産権の理論』弘文堂
薬害根絶フォーラム編（1996）：『薬害エイズはなぜ起きたか』桐書房
柳田邦男（1995）：『犠牲（サクリファイス）——わが息子・脳死の11日』文藝春秋
山田經三（1995）：『経営倫理と組織・リーダーシップ——二十一世紀

社
中野敏男（1993）：『近代法システムと批判――ウェーバーからルーマンを超えて』弘文堂
波平恵美子（1996）：『いのちの文化人類学』新潮社
西岡健夫（1996）：『市場・組織と経営倫理』文眞堂
仁志田博司（1991）：「予後不良な新生児に対する倫理的観点からの医療方針決定の現状」日本生命倫理学会『生命倫理』No. 1
西村清和（1989）：『遊びの現象学』勁草書房
日本経営倫理学会編（1994－1998）：『日本経営倫理学会誌』第1号～第5号
日本弁護士連合会公害対策・環境保全委員会編（1991）：『日本の公害輸出と環境破壊――東南アジアにおける企業進出と ODA』日本評論社
原田正純（1972）：『水俣病』〈岩波新書〉岩波書店
――――（1989）：『水俣が映す世界』日本評論社
――――（1994）：『慢性水俣病・何が病像論なのか』実教出版
――――（1996）：『胎児からのメッセージ――水俣・ヒロシマ・ベトナムから』実教出版
広河隆一（1993）：『日本のエイズ――薬害の犠牲者たち』徳間書店
廣松　渉（1996）：『廣松渉哲学小品集』〈同時代ライブラリー〉岩波書店
『法律時報』（1973）：第45巻3号（2月臨時増刊号「水俣病裁判」）日本評論社
保坂　渉（1997）：『厚生省エイズファイル』岩波書店
毎日新聞大阪本社編集局遊軍編（1983）：『偽装』〈ルポルタージュ叢書29〉晩聲社
丸山徳次（1996）：「水俣病と倫理学」関西倫理学会編『倫理学研究』第26集
――――（1997）：「「暴力」行為と構造的暴力――或る傷害事件を見る眼」現象学・解釈学研究会編『理性と暴力――現象学と人間科学』世

田崎英明（1996）：「私／自己――ディスクール，反復，認識論的暴力」『現代思想』3月号
立岩真也（1997）：『私的所有論』勁草書房
田中克彦（1975）：『言語の思想』〈ＮＨＫブックス〉日本放送出版協会
田中朋弘（1996）：「ビジネス・エシックスにおける企業の社会的責任の問題」佐藤（1996）所収
――――（1997）：「ビジネスの倫理」石崎嘉彦・山内廣隆編『人間論の21世紀的課題――応用倫理学の試練』ナカニシヤ出版，所収
鄭暎惠・上野千鶴子（1993）：「外国人問題とは何か」『現代思想』5月号
土屋貴志（1993）：「「シンガー事件」の問いかけるもの」加藤尚武・飯田亘之編『応用倫理学研究』II，千葉大学教養部倫理学教室
――――（1994a）：「「シンガー事件」後のシンガー――『実践的倫理学』第2版における障害者問題の扱い」千葉大学教養部倫理学教室編『プラクティカルエシックス研究』
――――（1994b）：「「シンガー事件」と反生命倫理学運動」日本生命倫理学会『生命倫理』Vol. 4，No. 2
――――（1995a）：「「生まれてこなかった方がよかったいのち」とは――障害新生児治療停止を支える価値観」浅井美智子・柘植あづみ編『つくられる生殖神話――生殖技術・家族・生命』制作同人社
――――（1995b）：「応用倫理学の必要性と留意点に関する覚書」佐藤（1996）所収
土屋守章（1980）：『企業の社会的責任』税務経理協会
東京ＨＩＶ訴訟原告団（1995）：『薬害エイズ原告からの手紙』三省堂
内藤朝雄（1996）：「「いじめ」の社会関係論」『自由な社会の条件』〈ライブラリー 相関社会学3〉新世社，所収
戸田　清（1994）：『環境的公正を求めて――環境破壊の構造とエリート主義』新曜社
永井　均（1986）：『〈私〉のメタフィジックス』勁草書房
――――（1996）：『「子ども」のための哲学』〈講談社現代新書〉講談

費補助金・総合研究（A）研究成果報告書）
佐藤康邦・溝口宏平編（1998）：『モラル・アポリア――道徳のディレンマ』〈叢書＝倫理学のフロンティアⅠ〉ナカニシヤ出版
佐藤康邦・中岡成文・中野敏男編（1994）：『システムと共同性――新しい倫理の問題圏』〈叢書エチカ 4〉昭和堂
沢井　裕（1972）：「イタイイタイ病判決と鉱業法109条 4」『法律時報』第44巻 2 号，日本評論社
――――（1973）：「汚悪水論」『法律時報』第45巻 3 号，日本評論社
清水幾太郎（1972）：『倫理学ノート』岩波書店
霜田　求（1994）：「適用と批判――討議倫理学の批判的可能性」大阪大学文学部哲学哲学史第二講座『カンティアーナ』第25号
杉野昭博（1991）：「イギリス社会福祉学における制度的再配分論のゆくえ」『社会福祉学』32－2
――――（1995）：「ピーター・タウンゼンド――人類学と福祉学からの点検」社会保障研究所編『社会保障論の新潮流』有斐閣，所収
鈴村興太郎（1995）：「アマルティア・セン――福祉の潜在能力アプローチ」社会保障研究所編『社会保障論の新潮流』有斐閣，所収
須藤自由児（1998a）：「エコセントリズムとファシズム」『松山東雲女子大学人文学部紀要』第 6 巻
――――（1998b）：「自然保護は何をめざすのか――保全／保存論争」加藤（1998）所収
高橋久一郎（1996）：「医学における「先端技術」と「治療」の間」『生命・環境・科学技術倫理研究資料集 続編』千葉大学
――――（1997）：「「環境問題の技術的解決と倫理的解決」についての短いノート」『生命・環境・科学技術倫理研究Ⅰ』千葉大学
武川正吾（1991）：「社会政策・社会行政論の基礎概念」大山博・武川正吾編『社会政策と社会行政――新たな福祉の理論の展開をめざして』法律文化社，所収
――――（1996）：「社会福祉と社会政策」『社会構想の社会学』〈岩波講座 現代社会学26〉岩波書店，所収

――――（1997）：「臨床試験の倫理問題」『ヒトゲノム解析研究と社会との接点　研究報告集２』京都大学文学部倫理学教室
――――編（1998）：『環境と倫理――自然と人間の共生を求めて』有斐閣
柄谷行人（1986）：『探求Ⅰ』講談社
河村克俊（1996）：「生命倫理をめぐるドイツの現状――シンガー事件とドイツの哲学界」土山秀夫他編『カントと生命倫理』晃洋書房，所収
川本裁判資料集編集委員会編（1981）：『水俣病自主交渉川本裁判資料集』現代ジャーナリズム出版会
川本隆史（1995）：『現代倫理学の冒険――社会理論のネットワーキングへ』創文社
――――（1997）：「アマルティア・センの《超学的》探求」『経済セミナー』２月号，日本評論社
――――編（1998）：『共に生きる』〈岩波 新・哲学講義６〉岩波書店
河本英夫（1995）：『オートポイエーシス――第三世代システム』青土社
菊池　治（1993）：『つくられたエイズパニック』桐書房
後藤孝典（1995）：『ドキュメント「水俣病事件」――沈黙と爆発』集英社
小沼　正（1974）：『貧困――その測定と生活保護』東京大学出版会
小松美彦（1996）：『死は共鳴する――脳死・臓器移植の深みへ』勁草書房
斎藤茂男編（1985）：『生命かがやく日のために――ルポルタージュ日本の幸福』共同通信社
坂田泰子・仁志田博司（1995）：「予後不良児に対する医療の対応――その現状と考察」日本生命倫理学会『生命倫理』Vol. 5，No. 1
佐倉　統（1997）：『進化論の挑戦』角川書店
佐藤康邦編（1996）：『応用倫理学の新たな展開――倫理学におけるミクロ的視点とマクロ的視点の総合をめざして』（平成７年度科学研究

発戦略，国際社会保障』成文堂
内井惣七（1996）：『進化論と倫理』世界思想社
内野　儀（1994）：「「言葉狩り」とＰＣ――マメットの『オリアーナ』を読む」『創文』５月号，創文社
梅津光弘（1993）：「アメリカにおけるビジネス倫理学：その背景，課題，基本文献」加藤尚武・飯田亘之編『応用倫理学研究』II，千葉大学教養部倫理学教室
ＮＨＫ取材班（1995）：「チッソ・水俣：工場技術者たちの告白」『戦後50年・その時日本は』第３巻，日本放送出版協会，所収
岡島成行（1990）：『アメリカの環境保護運動』〈岩波新書〉岩波書店
緒方正人（1996）：辻信一構成『常世の舟を漕ぎて――水俣病私史』世織書房
岡本達明・西村肇（1998）：「追跡水俣病――原因工場側諸要因と水俣病発生構造との相関」『技術と人間』1996年８・９月号～1998年１・２月号
落合恵美子（1989）：『近代家族とフェミニズム』勁草書房
小原秀雄監修（1995）：『環境思想の多様な展開』〈環境思想の系譜３〉東海大学出版会
霞が関地球温暖化問題研究会編・訳（1991）：『ＩＰＣＣ地球温暖化レポート』中央法規
加藤尚武（1989）：「伝統的倫理学は現代の諸課題に応えうるか」『倫理とは』〈岩波講座『転換期における人間』8〉岩波書店，所収
――――（1991）：『環境倫理学のすすめ』〈丸善ライブラリー〉丸善
――――（1993）：『二十一世紀のエチカ――応用倫理学のすすめ』未来社
――――（1994）：『応用倫理学のすすめ』〈丸善ライブラリー〉丸善
――――（1996a）：『技術と人間の倫理』〈ＮＨＫライブラリー〉日本放送出版協会
――――編（1996b）：『ヒトゲノム解析研究と社会との接点　研究報告集１』京都大学文学部倫理学教室

Zimmerman, M. E. (1995): The Threat of Ecofascism, *Social Theory and Practice*, Vol. 21.

邦文文献（著者名50音順）

朝日新聞「地球の緑」取材班（1985）：『失われる緑——地球各地からの報告』朝日新聞社
安彦一恵（1992）：「「何故道徳的であるべきか」という問いはどのように論じられるべきか」安彦一恵他（1992）所収
安彦一恵・大庭健・溝口宏平編（1992）：『道徳の理由——Why be moral ?』〈叢書エチカ 1〉昭和堂
天笠啓祐（1994）：『優生操作の悪夢——医療による生と死の支配』社会評論社
粟屋　剛（1993）：「フィリピンにおける臓器売買」『法学セミナー』1993年 6 月号，日本評論社
石牟礼道子（1972）：『苦海浄土——わが水俣病』〈講談社文庫〉講談社
板倉　宏（1975）：『企業犯罪の理論と現実』〈有斐閣ブックス〉有斐閣
市井三郎（1971）：『歴史の進歩とはなにか』〈岩波新書〉岩波書店
————（1983）：「哲学的省察・公害と文明の逆説——水俣の経験に照らして」色川（1983）（上）所収
市野川容孝（1992）：「訳者解説　ドイツがシンガーを沈黙させたことについて」『みすず』1992年 6 月号，みすず書房
色川大吉編（1983）：『水俣の啓示——不知火海総合調査報告』（上），（下）筑摩書房
宇井　純（1968）：『公害の政治学——水俣病を追って』三省堂
上野千鶴子（1996）：「「家族」の世紀」『〈家族〉の社会学』〈岩波講座現代社会学19〉岩波書店，所収
上野直樹（1991）：「行為としての知能・外側にある表象——状況的な認知としてのナヴィゲーション」『現代思想』 6 月号，青土社
植松忠博（1985）：『地球共同体の経済政策——絶対的貧困と BHN 開

メリカンドリーム』アリアドネ企画，1995年）

Taylor, C. (1992): Inwardness and the Culture of Modenity, in: A. Honneth *et al.* (eds.), *Philosophical Interventions in the Unfinished Project of Enlightenment*, The MIT Press.

Tooley, M. (1972): Abortion and Infanticide, *Philosohy and Public Affairs*, Vol. 2（森岡正博訳「嬰児は人格を持つか」H. T. エンゲルハート他著『バイオエシックスの基礎』東海大学出版会，1988年，所収）

Townsend, P. (1979): *Poverty in the United Kingdom*, University of California Press.

———(1985): A Sociological Approach to the Measurement of Poverty: A Rejoinder to Professor A. Sen, *Oxford Economic Papers*, 37.

———(1987): Deprivation, *Journal of Social Policy*, 16-3.

Trinh, T. M. (1994): An Acoustic Journey.（管啓次郎訳「響きの旅」『へるめす』50，岩波書店，1994年）

Weir, R. F. (1984): *Selective Nontreatment of Handicapped Newborns: Moral Dilemmas in Neonatal Medicine*, Oxford University Press.（高木俊一郎・高木俊治監訳『障害新生児の生命倫理——選択的治療停止をめぐって』学苑社，1991年）

Williams, B. (1981) Politics and Moral Character, in: *Moral Luck*, Cambridge University Press.

Wilson, E. O. (1978): *On Human Nature*, Harvard University Press.（岸由二訳『人間の本性について』〈ちくま学芸文庫〉筑摩書房，1997年）

Wittgenstein, L. (1953): *Philosophische Untersuchungen*.（藤本隆志訳『哲学探究』〈ウィトゲンシュタイン全集８〉大修館書店，1976年）

Worster, D. (1977): *Nature's Economy: A History of Ecological Ideas*, Sierra Club Books.（中山茂・成定薫・吉田忠訳『ネイチャーズ・エコノミー——エコロジー思想史』リブロポート，1989年）

上・下，晃洋書房，1993年）
Singer, P. (1979): *Practical Ethics*, 1st Edition, Cambridge University Press.（山内友三郎・塚崎智監訳『実践の倫理』昭和堂，1991年）
———(1990): Bioethics and Academic Freedom, *Bioethics*, Vol. 4.
———(1991): On Being Silenced in Germany, *The New York Review of Books*, Aug. 15.（市野川容孝・加藤秀一訳「ドイツで沈黙させられたことについて」『みすず』1992年5月号～6月号，みすず書房）
———(1992): A German Attack on Applied Ethics, *Journal of Applied Philosophy*, Vol. 9.
———(1993): *How are we to live ? : Ethics in an age of self-interest*, Prometheus Books, 1995.（山内友三郎監訳『私たちはどう生きるべきか——私益の時代の倫理』法律文化社，1995年）
———(1994): *Rethinking Life & Death : The Collapse of Our Traditional Ethics*, Oxford University Press.（樫則章訳『生と死の倫理——伝統的倫理の崩壊』昭和堂，1998年）
Singer, P./Kuhse, H. (1991): Viel Wind um Nichts, *Ethik und Sozialwissenschaften*, 2, Heft3.
Smith, A. (1950): *An Inquiry Into The Nature and Causes of The Wealth of Nations*.（大内兵衛・松川七郎訳『諸国民の富』岩波書店，1966年）
Solomon, R. C. (1991): Business Ethics, in : P. Singer (ed.), *A Companion to Ethics*, Basil Blackwell.（要約：田中朋弘「ビジネス倫理学」『臨床哲学ニューズレター』第1号，大阪大学文学部倫理学研究室，1997年）
Streeten, P. (1995): Foreword, in : M. Huq (ed.), *Reflections on Human Development*, Oxford University Press.（植村和子他訳『人間開発戦略——共生への挑戦』日本評論社，1997年，所収）
Swasy, A. (1993): *Soap Opera : The Inside Story of Procter & Gamble*, Times Books.（岸本完司訳『11番目の戒律——汚されたア

Rawls, J. (1971): *A Theory of Justice*, Harvard University Press. (矢島鈞次監訳『正義論』紀伊國屋書店，1979年)

Regan, T. (1983): *The Case for Animal Rights*, University of California Press. (青木玲部分訳「動物の権利の擁護論」小原秀雄 (1995) 所収)

Rein, M. (1976): *Social Science and Public Policy*, Penguin Education.

Rockmore, Tom (1992): *On Heidegger's Nazism and Philosophy*, University of California Press. (奥谷浩一他訳『ハイデガー哲学とナチズム』北海道大学図書刊行会，1999年)

Said, E. (1993): Nationalism, Human Rights and Interpretation, *Raritan*, winter. (大橋洋一訳「民族主義，人権，解釈」『みすず』1993年12月号，みすず書房)

———(1994): *Representations of the Intellectual : The 1993 Reith Lectures*, Vintage. (大橋洋一訳『知識人とは何か』平凡社，1995年)

Sen, A. (1983): Poor, Relatively Speaking, *Oxford Economic Papers*, 35.

———(1985a): A Sociological Approach to the Measurement of Poverty : A Reply to Professor P. Townsend, *Oxford Economic Papers*, 37.

———(1985b): *Commodities and Capabilities*, North-Holland. (鈴村興太郎訳『福祉の経済学――財と潜在能力』岩波書店，1988年)

———(1992): *Inequality Reexamined*, Oxford University Press. (池本幸生他訳『不平等の再検討――潜在能力と自由』岩波書店，1999年)

———(1993): Does Business Ethics make Economic Sense ?, *Business Ethics Quarterly*, Vol. 3.

———*et al*. (1987): *The Standard of Living*, Cambridge University Press.

Shrader-Frechette, K. S. (ed.) (1991): *Environmental Ethics*, 2nd Edition, The Boxwood Press. (京都生命倫理研究会訳『環境の倫理』

McCarthy, T. (1992): Philosophy and Social Practice : Avoiding the Ethnocentric Predicament, in : A. Honneth, *et al*. (eds.), *Philosophical Interventions in the Unfinished Project of Enlightenment*, The MIT Press.

Merchant, C. (1992): *Radical Ecology : The Search for a Livable World*, Routledge, Chapman & Hall. (川本隆史・須藤自由児・水谷広訳『ラディカルエコロジー——住みよい世界を求めて』産業図書, 1994年)

Mitchell, D. (1991): *Income Transfers in Ten Welfare States*, Ashgate Publishing. (埋橋孝文他訳『福祉国家の国際比較研究——LIS 10カ国の税・社会保障移転システム』啓文社, 1993年)

Montagu, A./Matson, F. (1979): *The Human Connection*, McGraw-Hill. (吉岡佳子訳『愛としぐさの行動学——人間の絆』海鳴社, 1982年)

Nagel, Th. (1972): War and Massacre, reprinted in : Nagel (1979)

———(1978): Ethics without Biology, reprinted in : Nagel (1979)

———(1976): Moral Luck, reprinted in : Nagel (1979)

———(1979): *Mortal Questions*, Cambridge University Press. (永井均訳『コウモリであるとはどのようなことか』勁草書房, 1989年)

Nash, R. (1989): *The Rights of Nature : A History of Environmental Ethics*, The University of Wisconsin Press. (松野弘訳『自然の権利——環境倫理の文明史』〈ちくま学芸文庫〉筑摩書房, 1999年)

Novak, T. (1995): Rethinking Poverty, *Critical Social Policy*, 44/45.

Parfit, D. (1984): *Reasons and Persons*, Oxford University Press. (森村進訳『理由と人格——非人格性の倫理へ』勁草書房, 1998年)

Passmore, J. (1974): *Man's Responsibility for Nature*, Gerald Duckworth & Co., 2nd Edition, 1980. (間瀬啓允訳『自然に対する人間の責任』岩波書店, 1979年)

Rachels, J. (1986): *The End of Life*, Oxford University Press. (加茂直樹監訳『生命の終わり——安楽死と道徳』晃洋書房, 1991年)

試論』国文社，1989年）

――――(1992): *La mort et le temps*, L'Herne.

Levitt, T. (1958): The Dangers of Social Responsibility, *Harvard Business Review*, September-October, reprinted in: Beachamp/Bowie (1983).

Lippke, R. L. (1995): *Radical Business Ethics*, Rowman & Littlefield.（要約：田中朋弘「広告，および自律の社会的条件」（第五章）『生命・倫理・科学技術倫理研究II』千葉大学，1997年）

Löwith, K. (1928): *Das Individuum in der Rolle des Mitmenschen*, in: *Sämtliche Werke*, Bd. 1, J. B. Metzlersche Verlagsbuchhandlung, 1981.（佐々木一義訳『人間存在の倫理』理想社，1967年）

Lumsden, C. J./Wilson, E. O. (1983): *Promethean Fire: Reflections on the Origin of Mind*, Harvard University Press.（松本亮三訳『精神の起源について』思索社，1985年）

Maitland, I. (1985): The Limits of Business Self-Regulation, *California Management Review*, 23, reprinted in: Beachamp/Bowie (1996).

Mamett, David (1993): *Oleanna*, Vintage Books.（酒井洋子訳『オレアナ』構想社，1994年）

Marshall, T. H. (1975): *Social Policy in the Twentieth Century*, Hutchinson.（岡田藤太郎訳『社会（福祉）政策――二十世紀における』訂正版，相川書房，1990年）

――――(1981): *The Right to Welfare and Other Essays*, Heinemann Educational Books.（岡田藤太郎訳『福祉国家・福祉社会の基礎理論――「福祉に対する権利」他論集』相川書房，1989年）

Matheis, A. (1992): Ethik und Euthanasie. Diskursethische Kritik von Peter Singers Konzept Praktischer Ethik, in: Apel/Kettner (1992).

May, L./Hoffman, S. (eds.) (1991): *Collective Responsibility: Five Decades of Debate in Theoretical and Applied Ethics*, Rowman & Littlefield.

ness Preservation : A Third World Critique, *Environmental Ethics*, Vol. 12.（浜谷喜美子訳「ラディカルなアメリカの環境主義と原生自然の保護——第三世界からの批判」小原秀雄（1995）所収）

Haldane, John (1995): Education : Conserving Tradition, in : B. Almond (ed.), *Introducting Applied Ethics*, Blackwell.

Heath, Shirley Brice (1983): *Ways with Words : Language, life, and work in communities and classrooms*, Cambridge University Press.

Heidegger, M. (1927): *Sein und Zeit*, 14. Aufl., Max Niemeyer, 1977.

Hoffman, W. M. (1984): The Ford Pint, in : W. M. Hoffman/J. M. Moore, (eds.), *Business Ethics : Readings and Cases in Corporate Morality*, McGraw-Hill.

Hull, D. L./Ruse, M. (eds.) (1998): *The Philosophy of Biology*, Oxford University Press.

Jankélévitch, V. (1953): *Philosophie première : introduction a uue philosophie du " presque "*, 2ème ed., PUF, 1986.

————(1977): *La mort*, Flammarion.

Kant, I. (1797): *Die Metaphysik der Sitten*, Akademie Textausgabe VI.

Kuhn, Th. S. (1970): *The Structure of Scientific Revolutions*, 2nd Edition, University of Chicago Press.（中山茂訳『科学革命の構造』みすず書房，1971年）

Ladd, J. (1970): Morality and the Ideal of Rationality in Formal Organizations, *The Monist*, 54, reprinted in : Donaldson/Werhane (1993).（要約：谷田信一「道徳と，形式的組織における合理性の理想」加藤尚武・飯田亘之編『応用倫理学研究』II，千葉大学教養部倫理学教室，1993年）

Leopold, A. (1949, 1977): *A Sand County Almanac and Sketches Here and There*, Oxford University Press.（新島義昭訳『野生のうたが聞こえる』森林書房，1986年，〈講談社学術文庫〉講談社，1997年）

Lévinas, E. (1961): *Totalité et Infini : Essai sur l'extériorité*, Kluwer Academic, 1992.（合田正人訳『全体性と無限——外部性についての

Social Psychology, Southern Illinois University Press.（河村望訳『人間性と行為』人間の科学社，1995年）

Dilthey, W.（1960）: *Gesammelte Schriften*, Bd. Ⅷ, 4. Aufl., B. G. Teubner Verlagsgesellschaft, 1968.（船山信一部分訳『世界観学——哲学の哲学』叢文閣，1935年）

Donaldson, T./Werhane, P. H.（1993）: *Ethical Issues in Business : A Philosophical Approach*, 4th Edition, Prentice-Hall.

Fieser, J.（1993）: Callicott and the Metaphysical Basis of Ecocentric Morality, *Environmental Ethics*, Vol. 15.

Fox, W.（1990）: *Toward a Transpersonal Ecology : Developing New Foundations for Environmentalism*, Sambhala Publications.（星川淳訳『トランスパーソナル・エコロジー』平凡社，1994年）

Fraser, N.（1989）: *Unruly Practices : power, discourse, and gender in contemporary social theory*, University of Minnesota Press.

French, P. A.（1979）: The Corporation as a Moral Person, *American Philosophical Quarterly*, Vol. 16, reprinted in : Donaldson/Werhane（1993).（要約：谷田信一「道徳的人格としてのコーポレーション」加藤尚武・飯田亘之編『応用倫理学研究』II，千葉大学教養部倫理学教室，1993年）

Friedman, M.（1970）: The Social Responsibility of Business Is to Increase Its Profits, *New York Times Magagine*, September 13, reprinted in : Beachamp/Bowie（1993).

Gauthier, D.（1986）: *Morals by Agreement*, Oxford University Press.（小林公訳『合意による道徳』木鐸社，1999年）

Gittins, D.（1985）: *The Family in Question : Changing Households & Familiar Ideologies*, Macmillan.（金井淑子・石川玲子訳『家族をめぐる疑問——固定観念への挑戦』新曜社，1990年）

Goodpaster, K. E./Matthews, J. B.（1982）: Can a Corporation Have a Conscience ?, *Harvard Business Review*, Jan-Feb.

Guha, R.（1989）: Radical American Environmentalism and Wilder-

———(1987): The Conceptual Foundations of the Land Ethic, reprinted in : Callicott (1989).

———(1989): *In Defence of the Land Ethic : Essays in Environmental Philosophy*, State University of New York Press.

———(1989a): Animal Liberation and Environmental Ethics : Moral Considerability and the Biotic Community, in : Callicott (1989).

———(1992): Environmental Ethics, in : L. C. Becker (ed.), *Encyclopedia of Ethics*, 2vols., Garland Publishing.

———(1996): Deconstructive Ecology and Sociobiology, *Environmental Ethics*, Vol. 18.

Carson, R. (1962): *Silent Spring*, Houghton Mifflin.（青樹簗一訳『沈黙の春』〈新潮文庫〉新潮社，1974年）

Cassirer, E. (1925): *Die Philosophie der symbolischen Formen*, Bd. II, 7. Aufl., Primus Verlag, 1977.（木田元訳『シンボル形式の哲学［二］』〈岩波文庫〉岩波書店，1991年）

Connoly, William E. (1991): *Identity/Difference, Democratic Negociations of Political Paradox*, Cornell University Press.（杉田敦他訳『アイデンティティ＼差異——他者性の政治』岩波書店，1998年）

Davidson, D. (1980): *Essays on Actions and Events*, Oxford University Press.（服部裕幸・柴田正良訳『行為と出来事』勁草書房，1990年）

DeGeorge, R. T. (1995): *Business Ethics*, 4th Edition, Prentice-Hall.（永安幸正・山田經三監訳『ビジネス・エシックス』（原書第三版の翻訳）明石書店，1995年）

Desai, M. (1995): *Poverty, Famine and Economic Development*, Edward Elgar.

Dewey, J. (1970): *German Philosophy and Politics*, Books for Libraries Press.（足立幸男訳『ドイツ哲学と政治——ナチズムの思想的淵源』木鐸社，1977年）

———(1988): *Human Nature and Conduct : An Introduction to*

der Wissenschaft, in: W. Diederich (Hg.), *Theorie der Wissenschaftsgeschichte*, Suhrkamp Verlag.（丸山徳次訳・解説「科学の目的内在化」『現代思想』1985年7月号）

Bourdieu, P./Passeron, J.-C. (1977): *La reproduction : éléments pour une théorie du système d'enseignement*, Les Editions de Minuit.（宮島喬訳『再生産——教育・社会・文化』藤原書店，1991年）

Bowie, N. (1958): Changing the Rules, reprinted in: Beauchamp/Bowie (1983).

Brandt, R. (1978): Defective Newborns and the Morality of Termination, in: M. Kohl (ed.), *Infanticide and the Value of Life*.（山内志朗訳「欠損新生児の生存権」H. T. エンゲルハート他著『バイオエシックスの基礎』東海大学出版会，1988年，所収）

Callicott, J. B. (1980): Animal Liberation: A Triangular Affair, *Environmental Ethics*, Vol. 2 reprinted in: Callicott (1989).（千葉香代子訳「動物解放論争——三極対立構造」小原秀雄（1995）所収）

———(1982): Hume's *Is/Ought* Dichotomy and The Relation of Ecology to Leopold's Land Ethic, *Environmental Ethics*, Vol. 4, reprinted in: Callicott (1989).

———(1984): Non-anthropocentric Value Theory and Environmental Ethics, *American Philosophical Quarterly*, Vol. 21, pp. 299-309.

———(1985a): Review of Tom Regan's *The Case for Animal Rights*, *Environmental Ethics*, Vol. 7, 1985, reprinted in: Callicott (1989).

———(1985b): Intrinsic Value, Quantum Theory, and Environmental Ethics, *Environmental Ethics*, Vol. 7, reprinted in: Callicott (1989).

———(1986): On the Intrinsic Value of the Nonhuman Species, in: Bryan G. Norton, (ed.), *The Preservation of Species : The Value of Biological Diversity*, reprinted in: Callicott (1989).

Verlag.

Beauchamp, T. L./Bowie, N. E. (eds.) (1983): *Ethical Theory and Bussiness*, 2nd Edition, Prentice-Hall.

———(1993): *Ethical Theory and Bussiness*, 4th Edition, Prentice-Hall.

———(1996): *Ethical Theory and Bussiness*, 5th Edition, Prentice-Hall.

Bernstein, B. (1977a): Social Class, Language and Socialisation, in : J. Karabel/A. H. Halsey (eds.), *Power and Ideology in Education*, Oxford University Press. (佐藤智美訳「社会階級・言語・社会化」潮木守一・天野郁夫・藤田英典編訳『教育と社会変動』(下), 東京大学出版会, 1980年, 所収)

———(1977b): *Class, Codes and Control, Volume 3 : Towards a Theory of Educational Transmissions*, Routledge & Kegan Paul. (萩原元昭編訳『教育伝達の社会学――開かれた学校とは』明治図書, 1985年)

Böhler, D. (1991): Legitimationsdiskurs und Verantwortungsdiskurs. Menschenwürdegrundsatz und Euthanasieproblem in diskursethischer Sicht, *Deutsche Zeitschrift für Philosophie*, 39, Jahrgang 7.

———(1992): Diskursethik und Menschenwürdegrundsatz zwischen Idealisierung und Erfolgsverantwortung, in : Apel/Kettner (1992).

Böhler, D./Matheis, A. (1991a): Töten als Therapie ? ――“ Praktische Ethik ” des Nutzenkalkls versus Diskursethik als kommunikative Verantwortungsethik, *Ethik und Sozialwissenschaften*, 2, Heft3.

———(1991b): Viel Wind um Nichts oder Streit um die Notwendigkeit unbedingter Prinzipien in Ethik und Recht ?, *Ethik und Sozialwissenschaften*, 2, Heft3.

Böhme, G., van den Daele, W., Krohn, W. (1974): Die Finalisierung

文献一覧

——《転換》のためのデータベース——

欧文文献（著者名アルファベット順）

Alcock, P.（1993）: *Understanding Poverty*, Macmillan.

Almond, B.（1995）: Introduction : Ethical Theory and Ethical Practice, in : B. Almond（ed.）, *Introducting Applied Ethics*, Blackwell.

Apel, K.-O.（1980）: *Toward a Transformation of Philosophy*, translated by G. Adey and D. Frisby, Routledge & Kegan Paul.

———（1992）: Wittgenstein and Heidegger : language games and life forms, in : C. Macann（ed.）, *Martin Heidegger : Critical Assesments*, Vol. III, Routledge.

Apel, K.-O./Kettner, M.（Hg.）（1992）: *Zur Anwendung der Dikursethik in Politik, Recht und Wissenschaft*, Suhrkamp Verlag.

Apple, M. K.（1982）: *Education and Power*, Routledge & Kegan Paul.（浅沼茂・松下晴彦訳『教育と権力』日本エディタースクール出版部，1992年）

Arendt, H.（1951）: *The Origins of Totalitarianism*, Harcourt Brace Javanovich.（大久保和郎他訳『全体主義の起源』（全3冊）みすず書房，1972～1974年）

Arrow, K. J.（1973）: Business Codes and Economic Efficiency, originally published : Social Responsibility and Economic Efficiency, *Public Policy*, 21, reprinted in : Beauchamp/Bowie（1996）.

Atkinson, A. B.（1989）: *Poverty and Social Security*, Harvester Wheatsheaf.

Bayertz, K.（1991）: Praktische Philosophie als angewandte Ethik, in : K. Bayertz（Hg.）, *Praktische Philosophie*, Rowohlt Taschenbuch

マ・ヤ・ラ行

タ　行

ナ　行

ハ　行

事 項 索 引

ヤ　行

ラ・ワ行

タ 行

ナ 行

ハ 行

マ 行

人名索引

構想」（日本倫理学会編『倫理学年報』第45集，1996年），他。

山森　亮（やまもり・とおる）
1970年生まれ。京都大学大学院経済学研究科在学。社会政策専攻。「福祉国家の規範理論に向けて――再分配と承認」（『大原社会問題研究所雑誌』No. 473，1998年），「必要と福祉――福祉のミクロ理論のために(1)」（『季刊家計経済研究』第38号，1998年），「必要と経済学――福祉のミクロ理論のために(2)」（『季刊家計経済研究』第39号，1998年），他。

田中朋弘（たなか・ともひろ）
1966年生まれ。大阪大学大学院文学研究科博士課程単位取得退学。哲学・倫理学専攻。博士（文学）。琉球大学助教授。『職業の倫理学』（丸善，2002年），『コミュニケーション理論の射程』〔共著〕（ナカニシヤ出版，2000年），『人間論の21世紀的課題――応用倫理学の試練』〔共著〕（ナカニシヤ出版，1997年），他。

＊高橋久一郎（たかはし・きゅういちろう）
1953年生まれ。東京大学大学院人文科学研究科博士課程単位取得退学。哲学・倫理学専攻。千葉大学教授。『生命・環境・科学技術倫理研究資料』（Ⅰ，Ⅱ）〔編著〕（千葉大学，1995年），「アリストテレスの快楽論」（千葉大学文学部『人文研究』第25号，1996年），M. E. ブラットマン『意図と行為』〔共訳〕（産業図書，1994年），他。

壽　卓三（ことぶき・たくぞう）
1952年生まれ。東京大学大学院人文科学研究科博士課程単位取得退学。倫理学専攻。愛媛大学教授。『近代変革期の倫理思想』〔共著〕（以文社，1986年），「現象学的還元と伝統回帰」（『現象学と倫理学』〈日本倫理学会論集27〉慶應通信，1992年），「本来性という暴力」（『愛媛大学教育学部紀要，第Ⅱ部，人文・社会科学』第26巻，1994年），他。

■執筆者紹介（執筆順，＊印は編者）

＊川本隆史（かわもと・たかし）
1951年生まれ。東京大学大学院人文科学研究科博士課程修了。博士（文学）。倫理学・社会哲学専攻。東北大学教授。『共に生きる』〔編著〕〈新・哲学講義 6〉（岩波書店，1998年），『ロールズ——正義の原理』（講談社，1997年），『現代倫理学の冒険——社会理論のネットワーキングへ』（創文社，1995年），他。

熊野純彦（くまの・すみひこ）
1958年生まれ。東京大学大学院人文科学研究科博士課程単位取得退学。倫理学専攻。東京大学助教授。『差異と隔たり——他なるものへの倫理』（岩波書店，2003年），『ヘーゲル——〈他なるもの〉をめぐる思考』（筑摩書房，2002年），『レヴィナス——移ろいゆくものへの視線』（岩波書店，1999年）他。

霜田　求（しもだ・もとむ）
1960年生まれ。大阪大学大学院文学研究科博士課程単位取得退学。哲学・倫理学専攻。熊本学園大学助教授。「適用と批判——討議倫理学の批判的可能性」（大阪大学文学部哲学哲学史第二講座『カンティアーナ』第23号，1994年），『人間論の21世紀的課題——応用倫理学の試練』〔共著〕（ナカニシヤ出版，1997年），他。

丸山徳次（まるやま・とくじ）
1948年生まれ。龍谷大学大学院文学研究科博士課程単位取得退学。哲学・倫理学専攻。龍谷大学教授。『現象学と解釈学』（下）〔共著〕（世界書院，1988年），『医療とバイオエシックスの展開』〔共著〕（法律文化社，1994年），M. ハイデッガー『初期論文集』〈ハイデッガー全集第 1 巻〉〔共訳〕（創文社，1996年），他。

須藤自由児（すどう・じゆうじ）
1945年生まれ。東京大学大学院人文科学研究科博士課程単位取得退学。倫理学専攻。松山東雲女子大学教授。「自然保護は何をめざすのか——保全／保存論争」（加藤尚武編『環境と倫理——自然と人間の共生を求めて』有斐閣，1998年），キャロリン・マーチャント『ラディカル・エコロジー』〔共訳〕（産業図書，1994年），「キャロリン・マーチャントの環境倫理の

叢書＝倫理学のフロンティアII

応用倫理学の転換 二正面作戦のためのガイドライン

2000年3月25日　初版第1刷発行　（定価はカバーに表示してあります）
2003年10月10日　初版第2刷発行

編　者　川本隆史
　　　　高橋久一郎

発行者　中西健夫

発行所　株式会社　ナカニシヤ出版

〒606-8316　京都市左京区吉田二本松町2
TEL　(075)751-1211
FAX　(075)751-2665
http://www.nakanishiya.co.jp/

創栄図書印刷／藤沢製本

＊乱丁本・落丁本はお取り替え致します。

Printed in Japan

ISBN4-88848-553-4　C0312